VIENNA
CHINATOWN

FLORIAN HOLZER

VIENNA CHINATOWN

DIE NEUE CHINA-KÜCHE VON SIMON XIE HONG

Fotografiert
von PHILIPP HORAK

pichler verlag

Inhalt

Mit freundlicher Unterstützung von

kikkoman seasoning your life

Miele Verlässlichkeit für viele Jahre

IMPRESSUM

ISBN 978-3-85431-588-9

styria BOOKS

Bücher aus der Verlagsgruppe Styria gibt es
in jeder Buchhandlung und im Online-Shop

styriabooks.at

Lektorat: Josef Weilguni
Buchgestaltung: Bruno Wegscheider

Bildbearbeitung: Pixelstorm, Wien
Bildbearbeitung Speisen: Julia Müller-Maenher

Druck und Bindung: Druckerei Theiss GmbH
St. Stefan im Lavanttal

Editorial

Als ich irgendwann, Ende 2002, wieder einmal meine Tee-Vorräte aufzufüllen gedachte, erzählte mir die Teehändlerin meines Vertrauens, dass es da ein neues chinesisches Restaurant im achten Bezirk gebe, in dem alles ganz anders sei. Das Design, das Essen, und dass dem Betreiber dieses kleinen, so anderen Restaurants sehr viele Dinge sehr wichtig seien, sogar der Tee.
Aha, das war ungewöhnlich und erweckte unmittelbar meine berufliche Neugierde. Schließlich war das Phänomen jener asiatischen Restaurants, die sich vom „Chinesen-am-Eck", der Sushibar, dem Elefanten-Inder oder dem glutamat-panasiatischen Naschmarkt-Nudelsupper unterschieden, in Wien damals nicht nur sehr jung, sondern vor allem sehr rar.
Ich kann mich noch genau an das Gefühl erinnern, als ich dieses winzige, helle Eck-Lokal in der Lederergasse betrat: Es war Dankbarkeit. Das klingt jetzt natürlich recht pathetisch, ich weiß, aber ich war einfach so dankbar dafür, dass es hier so etwas jetzt auch gibt, so was Frisches, Unprätentiöses, so ein Lokal, das sich stilistisch überhaupt nicht festlegt und bei dem ich nicht schon beim Hingehen weiß, wie schlecht mir sein wird, wenn ich wieder rausgehe (ich war damals schon 14 Jahre lang Lokalkritiker in Wien, da bekommt man mit der Zeit ein Gefühl für so etwas ...).
An die zarte, transparente Algensuppe mit den knusprigen Mikro-Garnelen erinnere ich mich jedenfalls noch, als hätte ich sie erst gestern gegessen, oder an die marinierten Lachswürfel mit Sesam-Ingwer-Sauce oder an das Gulasch mit den fünf chinesischen Gewürzen. Und so etwas passiert wirklich nicht oft.
Xie Hong alias Simon kochte Essen, das ich gerne jeden Tag genossen hätte, Essen, bei dem es mir nachher immer besser ging als vorher, bei dem ich das Gefühl hatte, dass da eine subtile, feinstoffliche Energie der Freude und der Aromatik in mich eindrang. Nein, ich kenn mich mit Feng-Shui und so wirklich nicht aus.
Dank Simons sensiblem Umgang mit Lebensmitteln, dank seiner Lust an Marinaden und Fermentationen lernte ich die Idee der chinesischen Küchen zumindest als Annäherung kennen, erkannte, dass es sich da um einen Themenbereich handelt, den zu erfahren ein menschliches Leben wohl nicht ausreicht, begann, mich nicht nur für die Harmonie von Aromen zu interessieren, sondern auch auf die Harmonie von Konsistenzen zu achten.
Und auch wenn das jetzt ein wenig drastisch klingt, aber: Nach meinem ersten Essen im ON war für mich nichts mehr so, wie es vorher war – ein kleines bisschen zumindest.
In diesem Sinne hoffe ich, dass Ihnen mit diesem Buch, das Simon Xie Hong am Herd, Philipp Horak an der Kamera und ich am Collegeblock, liniert, im Winter 2011/2012 zusammenstellten, zumindest eine Ahnung dieser Freude, dieser Sinnlichkeit, dieses Wohlgeschmacks vermittelt werden kann.
Möge die Übung gelingen!

Dieses Kochbuch mag ein bisschen anders sein, als es die meisten Kochbücher vielleicht sind. Das hat mit Simons spezieller Herangehensweise an das Thema Kochen zu tun, mit den anderen Zutaten und mit noch einigem mehr. Hier finden Sie also eine kleine Liste mit Hinweisen, was beim Kochen wie Simon vielleicht wesentlich sein könnte:

1 **Es gibt keine fixen Mengenangaben:** Und zwar, weil das beim Kochen mit so vielen Zutaten widersinnig wäre, weil es sinnlos ist, Ingwer abzuwiegen und Sojasauce abzumessen, und weil man beim Kochen ohnehin seinem Gefühl vertrauen soll. Dort, wo Mengenangaben oder Mengenverhältnisse entscheidend sind, werden sie angeführt, generell liegt man bei den diversen Marinaden, Gewürzmischungen und Saucen-Zutaten aber nie falsch, wenn man ungefähr gleich viel von allem nimmt.

2 **Verstehen, wie's geht:** Bei manchen der Gerichte passieren einige Dinge mehr oder weniger gleichzeitig, manche Gerichte brauchen extrem lange und müssen über Nacht marinieren oder kühlen, bei manchen Vorgängen muss man schnell und akkurat sein. Es lohnt daher, das Rezept zuerst zu lesen und eine Idee zu bekommen, worum's geht und wie es funktioniert. Dann klappt's auch.

3 **Es gibt keine Vor- und Hauptspeisen:** Und zwar, weil es das in China auch nur bedingt gibt und weil es dem Wesen der Gerichte entspricht, mehrere gleichzeitig auf den Tisch zu stellen – das erfreut das Auge, das erfreut den Gaumen. Was man in welcher Portionsgröße kochen will, bleibt jedem selbst überlassen. Dort, wo einem die Natur einen Rahmen vorgibt (ein Fisch, ein Huhn), muss man ohnehin damit klarkommen.

4 **Es gibt keine Desserts.** Und zwar, weil Simon von chinesischen Desserts, die zumeist auf süßer Bohnenpaste basieren, nicht besonders überzeugt ist.

5 **Zutaten, die man für Simons Küche auf jeden Fall in der Küche haben sollte:** Sojasauce, heller, chinesischer Reiswein, Rapsöl zum Braten, Honig, Ingwer, Chilischoten, frisch und getrocknet, Szechuanpfeffer, Sesamöl, Frühlingszwiebeln, Knoblauch und frische Kräuter. Diese Zutaten kommen in fast jedem Rezept vor und sind vielleicht nicht alltäglich. Generell benötigt Simons Küche recht viele Zutaten, nicht alle davon sind an jeder Ecke zu bekommen, die meisten davon sind aber lange haltbar.

6 **Der Reis:** Dass zu all den Gerichten gekochter Reis passt und gegessen werden kann, wird nicht extra erwähnt. Andererseits: Man muss auch nicht.

7 **Die goldenen Simon-Regeln:** Zwischendurch immer wieder kosten, nur so gelingt es; Öl wird, bevor darin gebraten wird, immer mit Gewürzen und Aromaten aromatisiert; es wird fast nie ohne Reiswein gekocht, und es wird fast nie ohne Chili gekocht; und die Sojasauce kommt – außer, es ist anders angegeben – immer erst am Schluss dazu.

Simon Xie Hong – oder wie man vom Arzt zum Koch wird. Und vor allem warum.

Gleichgeschaltet und uniform, ein Heer der Einheitlichkeit. So sehen wir Europäer die Chinesen gern einmal. Xie Hong ist jedenfalls keiner, der in einer Masse unterzutauchen droht. Xie Hong ging seinen ganz individuellen Weg und geht ihn noch heute, und Xie Hong kann schließlich auf eine Biographie verweisen, die wohl mit kaum einer anderen verwechselt werden kann, weder in China noch sonst wo auf der Welt. Und da muss man sich dann fragen: Ist „Simon" Xie Hong ein Einzelfall oder sind die Chinesen in Wirklichkeit ein Milliardenvolk von Individualisten, und wir haben davon einfach noch nichts mitbekommen? Ersteres auf jeden Fall und zweifellos, Zweiteres vielleicht auch und wir werden jedenfalls in den nächsten Jahrzehnten genug Gelegenheit haben, China und seine Bewohner besser kennen zu lernen. Im schlechtesten Fall als Europas Konkurrenten um Ressourcen, im weitaus besseren Fall in Form der vielseitigsten und umfangreichsten Küche, die man auf der Welt wohl je gesehen und verkostet hat.
Xie Hong, der seinen Spitznamen „Simon" erst in Wien bekam (weil das so ähnlich klingt wie Xie Hong), studierte in China Medizin und arbeitete als Chirurg, kam Ende der 80er-Jahre nach Österreich, besann sich hier erst im Laufe der Jahre seiner Leidenschaft für das Kochen und zählt heute zu den interessantesten Figuren der kulinarischen Szene dieses Landes. Seine Geschichte ist die Geschichte der permanenten Veränderung, freiwillig und unfreiwillig, und legt ganz wunderbar Zeugnis dafür ab, dass sich aufwühlende Biographien auf faszinierende Art und Weise im individuellen Kochstil eines Menschen niederschlagen können.

Xie Hong wurde 1963 in Hangzhou geboren, einer einstigen Kaiserstadt und Endstation der Seidenstraße, die schon zu Zeiten Marco Polos etwa eine Million Einwohner hatte und vom berühmten Weltreisenden als „schönste und großartigste Stadt der Welt" gepriesen wurde. „Im Himmel gibt's das Paradies, auf Erden Hangzhou", war damals ein geflügeltes Wort. Der Grüntee Hangzhous, heute Hauptstadt der Provinz Zhejiang, genießt in ganz China einen legendären Ruf, die Einwohner der heutigen Sechsmillionen-Stadt gelten als strebsam, ehrgeizig, ernsthaft und zielorientiert. Simons Vater Xie Shengmei stammte aus bäuerlichen Verhältnissen aus dem Umland von Wenzhou im Süden von Zhejiang. Weil das mehr oder weniger die einzige Möglichkeit war, um zu einer Aus-

Magische Lichtstimmung am Westsee, Hangzhou

Szene aus Shaoxing, einem Städtchen in der Umgebung Hangzhous

Eine 2000 Jahre alte Siedlung bei Hangzhou, Herkunft der besten Reisweine Chinas

Die berühmten Tee-Hänge mitten in Hangzhou

Fischer an der Küste von Wenzhou

bildung zu kommen, ging er zum Militär, desertierte während des Zweiten Weltkriegs aber aus der nationalistischen Armee Chiang Kai-sheks und floh nach Hangzhou. Dort lernte er Simons Mutter Zhang Qio Er kennen, die wiederum einer der wohlhabenden Familien Hangzhous entstammte, ihr Vater Zhang Lanshen, Simons Großvater, genoss dort als Lehrer, Schulleiter und Spezialist für altchinesische Literatur großes Ansehen. Sie ging mit ihrem Mann zurück nach Wenzhou und machte nicht zuletzt dank ihres intellektuellen familiären Hintergrundes rasch Karriere, leitete sogar den „Kulturpalast für Arbeiter". Simons Vater machte Karriere in der örtlichen Industrie und stieg zum Vizepräsidenten des Industrie-Vereins auf.

Wobei die Biographie von Simons Eltern alles andere als kontinuierlich verlief: 1966, zu Beginn der Kulturrevolution und ihrer völlig chaotischen Zustände, wurden die beiden als Anhänger einer reformistischen Fraktion der Partei verfolgt, mussten fliehen und wurden sogar eingesperrt. Zu Fuß und in der Nacht flohen Simons Schwestern damals aufs Land zur bäuerlichen Großfamilie des Vaters. Hong, den Kleinsten, versteckten sie in einem Korb, ständig mit der Angst, dass der Knirps zu weinen beginnen und sie verraten könnte.

Zwei Jahre wurden die Kinder bei den Bauern versteckt, zwei Jahre waren sie von den Eltern getrennt, „das passierte vielen Familien damals", erzählt Simon Xie Hong. Er selbst hat diese Zeit der Verfolgung und des Versteckens aber kurioserweise durchaus angenehm in Erinnerung, „ich erinnere mich nur daran, dass ich ständig mit Tieren zu tun hatte, denen ich allen Namen gab. Den Bauernhof empfand ich als Paradies, ich hatte jede Menge Haustiere."

Was die Ursache seines Aufenthalts dort war, wusste der Dreijährige natürlich nicht ...

Fragt man Simon, ob die Zeit auf dem Bauernhof vielleicht seine kulinarische Identität ein bisschen geprägt hat, erzählt er vom hohen Stellenwert des gemeinsamen Essens dort, von den einfachen, aber abwechslungsreichen Rezepturen – und davon, dass er schon damals ein sehr heikler Esser war, „mein Onkel musste oft fahren, um irgendwas zu besorgen, was mir schmeckt".

Mit sieben Jahren – die Eltern waren inzwischen wieder einigermaßen rehabilitiert – kehrte Simon nach Wenzhou zurück, besuchte dort die Schule und wurde bald bester Schüler der Anstalt. Das brachte ihm zwar großes Prestige und reichlich Beschäftigung ein, denn die schwächeren Schüler wurden zu ihm geschickt, um bei ihm Nachhilfe zu nehmen. Vor allem sorgte das aber früher oder später für Schwierigkeiten: Eine neue Schulleiterin sah in dem intellektuell wendigen Knaben eine Bedrohung für das System und witterte die Gefahr, dass der Sohn von bekanntermaßen politisch „Unzuverlässigen" schlechten Einfluss auf andere Jugendliche haben

könnte. Er rebellierte, legte es auf eine Konfrontation mit der Schulleiterin an, der er sich in jugendlichem Hochmut überlegen fühlte – nur ein Wechsel der Schule rettete ihm den Kopf. Dass er nach Abschluss der Schule Journalist werden wollte, überraschte zwar niemanden, seine Mutter redete ihm das aber mit allem Nachdruck aus, „wenn du das machst, landest du in einem halben Jahr im Gefängnis".

Zu kochen begann Simon mit zwölf Jahren, nur für sich alleine, und sorgte damit schon damals im Kreis der Nachbarn für großes Erstaunen ob seiner raffinierten Kreationen und aufwändigen Rezepturen. Bis dahin hatten seine Schwestern für ihn gekocht, „aber das war schrecklich". Oder er besuchte seine Mutter in der Betriebskantine, „die süßsauren Schweinerippchen dort werde ich mein Leben lang nicht vergessen ...". Einmal pro Woche wurde ein Huhn gekauft, ein ganzes, lebendiges, Simon erlebte Schlachtung, das Rupfen und das Zerlegen ganz nah mit. „Meine Mutter sagte mir immer, dass ich bloß nicht so werden solle wie mein Vater, der liebte das ‚trockene und fade' Brustfleisch." Der Knabe interessierte sich hingegen schon damals für die Innereien des Tiers, deren Konsistenz und Aromen, lernte, dass man Fleisch auch als Würze einsetzen kann, dass Fett der wesentliche Geschmacksträger ist, „dass Kochen und Essen einmal mein Lebensinhalt sein würden, hätte ich mir aber nie gedacht".
Zur Freizeitbeschäftigung wurde es jedenfalls, als er als Teenager durch Wenzhou zog. „Wenzhou profitierte davon, dass es weit entfernt von der zentralen Macht war. Wenzhou war immer ein bisschen anarchistisch, hier herrschte schon Anfang der 80er eine gewisse Gelassenheit, eine Ausgeh-Kultur, kleine Händler und eine lebendige Imbiss-Szene belebten das Straßenbild. Hier gab es schon Garküchen, als die in Peking noch lange verboten waren." Die Betreiberin einer solchen Wenzhou-Garküche machte mit ihrer

Großes Angebot im uralten Reiswein-Zentrum bei Hangzhou

Restaurant in Wenzhou – man zeigt, was man hat

Moderner Fischgenuss in Wenzhou: Aquarium und Restaurant zugleich

Der Gemüsekahn bringt Nachschub: Wenzhou

Algen werden zum Trocknen aufgehängt

Erfindung, einer Art Fischnockerln, sogar große Karriere, als sie mit ihrem Konzept in die Hauptstadt Peking ging, dort zahlreiche Lokale eröffnete, erfolgreich und berühmt wurde (das Rezept für diese Fischnockerln finden Sie auf Seite 83).

Das „Wenzhou-Modell" – die Kreativität der Menschen nicht extra zu fördern, sondern sie einfach zuzulassen und damit große Motivation zu erzeugen – wurde in Chinas politischen Ebenen jedenfalls bald zum geflügelten Wort. Und es äußerte sich unmittelbar in einem Boom neuer Lokale und Restaurants. „Früher hieß es immer, dass man in Kanton wirklich gut essen würde, aber das änderte sich damals: Wenzhou war von nun an die kulinarische Hauptstadt Chinas." Die traditionelle Wenzhou-Küche zeichnet sich vor allem durch ihre feinen Aromen aus, durch die im Vergleich zu den Nachbarprovinzen extrem sparsame Verwendung von Knoblauch, dafür von umso mehr zarten Kräutern aus der Region. „Nachdem wir aber so oft auf der Flucht waren und viel herumgekommen sind, bin ich kulinarisch eher ein Mischling. Das öffnete mir sicher die Sinne."

1981 hatte Simon Glück, die „revolutionäre Universitäts-Klausel", der zufolge nur Kinder von Arbeitern und Bauern studieren durften, war gerade ausgelaufen und er begann also zu studieren, Medizin statt Journalismus, zog zu diesem Zweck wieder in seine Geburtsstadt Hangzhou. „Hangzhou war im Vergleich zu Wenzhou damals aber völlig öd und verschlafen, nicht nur kulinarisch, eine Millionenstadt, in der es außer ein paar Touristenlokalen gar nichts gab außer wunderbaren Tee-Gärten und einem Westsee voller Lotosblüten)." Nicht umsonst war die prägende Spezialität Hangzhous jener Tage das Nudelgericht namens „Guan", „das bedeutet so viel wie Gar-Nichts-Nudeln, Nudeln mit nur ein bisschen Frühlingszwiebel – eine geschmackliche Katastrophe". Initiative war somit gefragt, weshalb sich Simon mit ein paar Kommilitonen zusammentat und sie all ihr Taschengeld zusammenlegten, um „den Zähnen ein Opfer zu bringen", wie sie es nannten: Essen gehen oder – wenn das Geld nicht reichte – bestmögliche Zutaten besorgen und sie selbst zubereiten.

Das geschah dann allerdings auf recht abenteuerliche Weise:

In der Mitte ihres zehn Quadratmeter großen und mit vier Stockbetten räumlich eigentlich schon recht strapazierten Studentenzimmers stellten die jungen Hobbyköche einen winzigen und selbstverständlich verbotenen Dieselkocher auf. Da es zum Schneiden nicht genug Platz gab, stand fast immer Eintopf auf dem Programm, offenes Bier, das man seit kurzem auf Märkten bekam, wurde in Thermoskannen kühl gehalten, „zwar bescheiden, aber wir haben gekocht".

In dieser Zeit wurde auch Simons Kontakt zu seinem Großvater Zhang Lanshen, dem Lehrer, wieder enger. Der weise Mann hatte in den Jahren zuvor ein hartes Los zu ertragen, sein Berufsstand

Eine alte Pagode in einer Vorstadt von Wenzhou

Smog, ebenfalls typisch Wenzhou

Wenzhou am Weg zur Moderne

Wenzhou, wegen ihres angenehmen Klimas auch „die milde Stadt" genannt

Simon am Fischmarkt in Wenzhou

und seine Bildung waren in der Zeit von Maos Kulturrevolution alles andere als ein Vorteil. Man hatte ihn seines Besitzes enteignet, er wurde geächtet und war gezwungen, sein Leben in einem winzigen, finsteren Zimmer in einem Hinterhof zu fristen.
Simon besuchte ihn oft, mindestens einmal pro Woche, einerseits, um von ihm zu lernen, aber auch, um den kargen studentischen Speiseplan etwas aufregender zu gestalten: „Mein Großvater zauberte in einem finsteren Loch aus nichts stets wunderbare Sachen."
Der alte Mann besaß das Wissen um die altchinesische Literatur und empfand die Fähigkeit, alte Schriften lesen zu können, stets als großes Privileg – und als Verpflichtung, dieses Privileg auch zu nützen. Nachdem er aus politischen Gründen nicht mehr unterrichten durfte, hatte Simons Großvater seine Studien für sich privat fortgesetzt, unter anderem über Traditionelle Chinesische Medizin, aber eben auch zum Thema der chinesischen Kochkunst (was nach Auffassung der Traditionellen Chinesischen Medizin recht unmittelbar zusammenhängt). „Er war ein wahrer Genießer", erzählt Simon, „ein gehacktes Huhn schmeckte bei ihm immer herrlich, wohlig, war voll Geschmack, ganz anders als in der Mensa, wo ich sonst essen musste." Simons Bewusstsein dafür, dass man aus einfachsten Dingen ein Festmahl bereiten kann, wenn man nicht nur mit der Hand kocht, sondern auch mit dem Kopf und mit dem Herzen, wurde durch seinen Großvater Zhang Lanshen zu dieser Zeit stark geprägt. Und dass sein Großvater trotz widrigster Umstände 95 Jahre alt wurde, führt Simon auf das Wissen um die „alten Bücher" zurück, Medizin, Kultur und Kochkunst, davon ist sein Enkel fest überzeugt, „und er war sein Leben lang optimistisch und zuversichtlich".

Nach fünf Jahren Studium in Hangzhou ging Simon für ein Jahr an die Uni-Klinik in Wenzhou, einerseits, um näher bei seiner Mutter zu sein, „aber auch, weil Wenzhou einfach freier war".
Er spezialisierte sich auf chirurgische Medizin und machte – „nur um meine Freizeit interessanter zu gestalten" – nebenbei einen Kochkurs, an dessen Ende sogar eine staatliche Prüfung stand. „Aber dann hab ich's einfach nicht mehr ausgehalten, das war mir dort einfach alles zu provinziell." Er wollte ausbrechen, sich von den Fesseln der vorgegebenen Karriere, der Partei (in die er nie eingetreten war) und der Hoffnungslosigkeit befreien, und das einzige Fenster, das sich dafür bot, war seine ältere Schwester, die schon drei Jahre zuvor als Schauspielerin ausgewandert war – wenngleich in einen Ort, der es punkto Provinzialität mit Wenzhou sicher mehr als aufnehmen konnte: Mistelbach im niederösterreichischen Weinviertel.
Simons Schwester Liu Xie Fei Ru, heute Obfrau des chinesischen Frauenvereins in Österreich, betrieb in der beschaulichen Bezirkshauptstadt seit 1987 das Chinarestaurant „Chinahof" samt an-

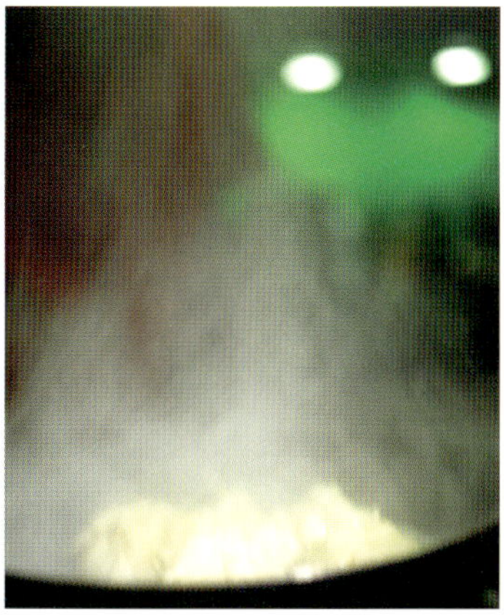

KIKKOMAN
Soy Sauce
KIKKOMAN
Sojasauce
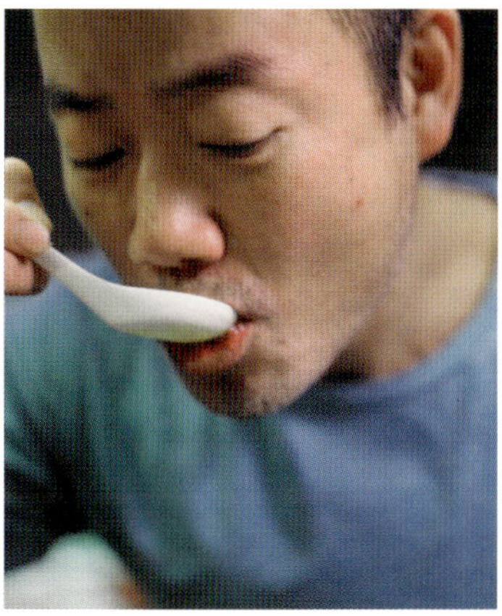

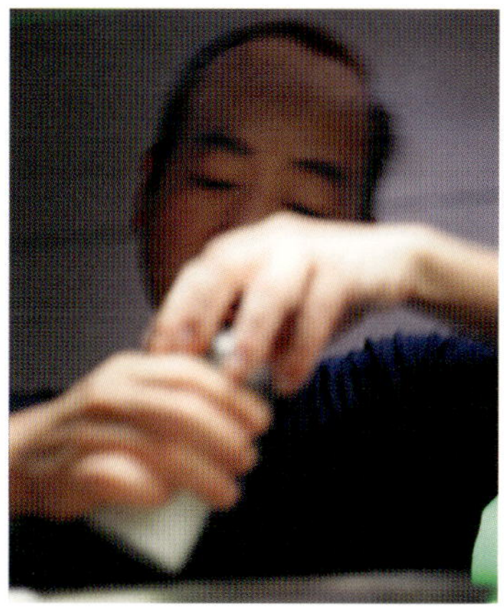

geschlossenem Kino und Frühstückspension. Simon kam 1988 zu ihr in die niederösterreichische Kleinstadt und kümmerte sich als „Mädchen für alles" um die Zimmerreservierungen, um den Service im Restaurant und vor allem um seine Deutschkenntnisse, startete ein Eissalon-Projekt („Viele sagten, es sei das beste Eis weit und breit, ich verwendete nur Frischmilch und frische Eier, keinerlei Pulver") und bediente den Filmprojektor. Das Kochen überließ er anderen. Das wurde erst 1993 zum Thema, allerdings in Mariazell, wohin ihn ein Ausflug mit der Mariazeller Bahn geführt hatte. Dort saß er dann eines Abends, draußen schneite es, die Landschaft war so malerisch, drinnen brannte ein offener Kamin, und der junge Mann aus Südchina dachte sich, dass das genau der richtige Ort sei, um ein Chinarestaurant zu eröffnen, „ich war sehr romantisch damals".
Das Restaurant „Morgenröte" – „ich nannte es so, weil ich in der Früh beim Einheizen die Sonne aufgehen sah" – gab es immerhin eineinhalb Jahre. „Ich lernte dort Produkte wie Kernöl oder frische Steinpilze direkt aus dem Wald kennen, und ich war sicher der erste Chinese im Land, der Forelle chinesisch zubereitet hat."
Und auch wenn sich das Restaurant „Morgenröte" bei den lokalen Exzentrikern großer Beliebtheit erfreute, wie Simon erzählt, war es noch nicht das Ziel, „ich musste acht Monate lang heizen, und ins Kino nach Wien brauchte ich zweieinhalb Stunden". Weshalb Simon wieder einmal die Branche wechselte, Reisebegleiter für chinesische Reisegruppen wurde und dabei Italien kennen lernte, was auch kulinarisch nicht ganz ohne Folgen für ihn bleiben sollte – ein weiterer Puzzlestein in Simons aromatischem Gefüge fand seinen Platz.

Ende der 1990er-Jahre war Simon Xie Hong dann endlich in Wien angekommen. Zuerst leitete er eine Sushi-Bar in der Schleifmühlgasse, deren schleppenden Umsatz er innerhalb von zwei Monaten verdreifachte. Dann eröffnete er gemeinsam mit dem Sushi-Bar-Besitzer ein asiatisches Lokal am Naschmarkt namens „East Bar", wo er diesmal für die warme Küche zuständig war, „aber das war noch nicht wie heute, ich war noch auf der Suche damals". Persönliche und kulinarische Differenzen führten dazu, dass sich Simon bald wieder aus diesem Projekt zurückzog – und zu planen begann: „Ich hab alles Geld, das ich je in Wien verdient hatte, für Ausgehen und Essen ausgegeben, das war die wichtigste Investition meines Lebens." Je mehr er sich umsah, je mehr er kennen lernte, desto deutlichere Form nahm die Idee seines „ON" an, „wobei ich damals weniger über die Karte nachgedacht habe als vielmehr über die Gestaltung des Lokals". 2002 war es dann so weit, nach einem Jahr Umbauzeit hatten Simon und sein Architekt Helmut Galler ein Restaurant realisiert, wie man es in Wien zuvor noch nicht gesehen hatte: klein, kompakt, offen, modern, hell, die kleine Küche mitten

im Lokal eher als Werkstatt angelegt, in optischer und akustischer Verbindung mit den Tischchen im Lokal. Kein goldener Drache weit und breit. Die Zubereitung war ein Teil des Erlebnisses, man hörte es zischen, man sah die Flammen, wenn sie über dem Wok fauchend die heißen Fett-Tröpfchen erfassten – es war äußerst unmittelbar. Und auch was man zu essen bekam, war anders: „Basis und Hintergrund stammten und stammen von der Küche des südostchinesischen Küstenlandes, vermischt mit einem kleinen Faible für die Sichuan-Küche mit ihren kräftigen Aromen, ihrem Sinn fürs Deftige, ‚Männliche'. Ich habe versucht, die Klassiker in unsere heutige Zeit zu transportieren, sie hatten 200 Jahre ihre Berechtigung, aber jetzt, empfand ich, war es Zeit für eine Veränderung."
Marinieren, Einlegen, Fermentieren waren für Simon ein Thema, das von anderen chinesischen Köchen überhaupt nicht tangiert wurde, „aber diese Veränderungen und Metamorphosen, die das mit sich bringt, ich finde das wunderbar". Chinesische Produkte und Rezepturen wurden subtil mit Zutaten aus Österreich kombiniert, auch ein bisschen Italien und später Spanien kamen dazu, ohne dass man aber je das Gefühl einer angestrengten „Fusionsküche" gehabt hätte. Es floss einfach alles zusammen und war in gewisser Weise logisch und ohne Frage harmonisch.
Vier Jahre war dieses winzige und ausnehmend schöne Lokal ein großer Erfolg, das Publikum gleichermaßen prominent wie begeistert, die Journalisten gewogen, Buchungslage und Feedback ausgezeichnet. Simon hatte es geschafft. Die Krankheit seines damaligen Geschäftspartners beließ ihm jedoch keine Energie, um über die notwendige Vergrößerung und Übersiedelung nachzudenken, „ich hatte einfach keine Lust mehr". Eine Zeit lang sah es so aus, als ob die faszinierende Geschichte damit ihr Ende hätte. Eine Reise nach Barcelona änderte das zum Glück aber wieder – acht Monate später, im Juni 2006, eröffnete Simon Xie Hong sein neues ON, ebenfalls von Architekt Helmut Galler gestaltet, im Juni 2011 das zweite Lokal namens „ChinaBar". Mit der Spätnacht-Sendung „Silent Cooking", in der Simon wortlos seine Kreationen zelebriert, wird er langsam, aber sicher auch einem an spannenden Ess-Erlebnissen interessierten Publikum außerhalb Wiens bekannt.
Im Guide *Gault Millau* hält das ON 13 Punkte und damit eine Haube, im Restaurantguide *A la Carte* hat es einen Stern, im *Tafelspitz*-Führer der Tageszeitung *Kurier* ist er Dauerabonnent auf Top-Platzierungen in der Kategorie Ethno-Lokale. Und auch wenn man sich bei Simon nie so ganz sicher sein kann, eines steht wohl ziemlich fest: Ideen hat der Meister des Woks sicher noch eine ganze Menge ...

DIE REZEPTE

Die Wenzhou-Küche zeichnet sich durch eine besondere Zartheit, Finesse und Zurückhaltung bei den Gewürzen aus, der Natürlichkeit wird – ähnlich der japanischen Küche – der Vorzug gegeben. Die typischen „Hai Xian"-(„Geschmack des Meeres"-)Lokale findet man in allen Küstenstädten, in Wenzhou und in Kanton sind sie aber am eindrucksvollsten. Hier kann man aus Dutzenden Schnecken- und Muschelsorten wählen, und hat man Lust auf Shrimps, so wird man gefragt, ob sie aus dem Meer, dem Fluss, dem Bach oder dem See sein sollen. Festmahle werden in Wenzhou mittlerweile fast ausschließlich mit Seafood, Fisch und Gemüse bestritten. Dem Motto der Wenzhou-Chinesen, nicht zu essen, um satt zu werden, sondern des Geschmacks willen, werden sie bei Seafood übrigens besonders gerecht, Muscheln, Krabben und Krebse gibt's in Garküchen an jeder Ecke.
Aber nur zart, fein und natürlich ist eben auch nur der halbe Spaß, weshalb Simon selbst bei Meeresfrüchten gerne auf Würzung und Garmethoden der aromaintensiven Sichuan-Küche aus den westlichen Bergen oder auf die feurigen Rezepturen der südlichen Kanton-Küche zurückgreift. Es lebe die Vielfalt.

MEERESFRÜCHTE

Flusskrebse Jiang-chon

Eine klassische Kombination der südchinesischen Küstenregion, wo fast jeder Fisch, vor allem aber Garnelen, mit Ingwer und Frühlingszwiebel gebraten wird – entweder als kleine Zwischenmahlzeit, als Suppeneinlage oder wozu auch immer.
Diese Zubereitung funktioniert aber auch mit den „Garnelen Österreichs" – frischen Flusskrebsen – ganz wunderbar. Simon sagt: „Ein Gericht, bei dem es nicht darum geht, satt zu werden, sondern den Geschmack zu genießen. Man isst stundenlang daran, aber bekommt den Bauch nicht voll."

Zutaten

ganze Flusskrebse, lebendig oder bereits vorgekocht (pro Person mindestens drei bis vier – es ist sehr wenig dran)
Frühlingszwiebeln nach Belieben, (etwa ein Stück pro 10 Krebse)
Knoblauch
Ingwer
grob gehackte Chilischote nach Belieben
Reiswein
Sojasauce
Zucker
Weißwein
Salz, Pfeffer

Zubereitung

- Die Frühlingszwiebeln längs schneiden, sodass Streifen entstehen, Knoblauchzehe anquetschen, Ingwer in Scheiben schneiden. Die Flusskrebse waschen, mit etwas Reiswein und Sojasauce marinieren (und sollten sie noch lebendig sein: zum Betäuben). Die Marinade aufheben.
- Den Wok sehr heiß werden lassen, Rapsöl in den Wok geben, Aromaten (Ingwer, Knoblauch, Zwiebel) dazu, die grob gehackte Chili dazu, kurz durchrühren, rasch arbeiten.
- Die Krebse dazugeben und schwenken, schwenken, schwenken, bis sie rot werden, dann etwas Zucker dazu, mit Meersalz und etwas Pfeffer würzen und schließlich mit Weißwein aufgießen. Den Wok abdecken und Hitze etwas reduzieren, den Marinade-Topf mit etwas Reiswein ausschwenken, die entstandene Mischung in den Wok dazugeben, zugedeckt fünf bis sechs Minuten dünsten, bis die Köpfe der Krebse gar (also rot) sind.

- Flusskrebse isst man am besten mit den Fingern. Im Wesentlichen geht es um das Fleisch des Schwanzes, das sich auch recht einfach ausbrechen lässt. Kenner saugen auch den Körper aus, aber das ist Geschmackssache. Wenn man die Scheren mit einem Nussknacker oder einer Hummer-Zange aufbricht, kommt man an das besonders köstliche Scheren-Fleisch.

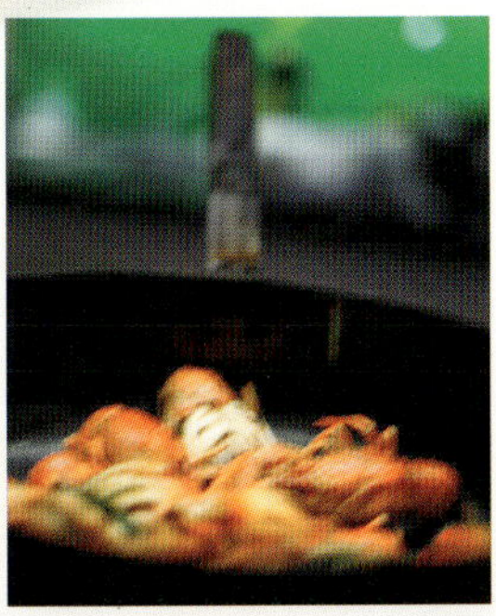

Garnele mit gestocktem Ei „Fu Rong“

Die „Fu Rong“-Methode ist in der gesamten Küstenregion sehr populär, es geht bei dieser Zubereitung darum, das Aroma der Krustentiere (in China verwendet man dafür vor allem Garnelen und Taschenkrebse) – sowohl Fleisch als auch Schale, aber auch Innereien – in der Sauce mit dem gestockten Ei aufzunehmen und zu einer geschmacklichen Symbiose zu gelangen. Die Zubereitung ist schnell und unkompliziert, mit einem Dampfgarer gelingt dieses Rezept besonders leicht. Fu-Rong-Garnelen zählen zu den typischen Festtafeln der südchinesischen Küstenregion; wenn es etwas zu feiern gibt, kann man sich sicher sein, dieses köstliche Gericht vorgesetzt zu bekommen.
Dementsprechend eignet sich natürlich auch dieses Rezept sehr dazu, zusammen mit mehreren Gerichten – Fleisch, Gemüse, Fisch und Tofu – serviert zu werden.

Zutaten

Garnelen (je nach Größe zumindest ein bis zwei Stück pro Person)
1 EL getrocknete Minishrimps (im Asia-Laden erhältlich, Alternative: 1 EL gehacktes Sardellenfilet)
1 Ei
Reiswein
Sojasauce
heller Fond (Geflügel oder Fisch)
Salz, Pfeffer

Zubereitung

- Die Garnelen mit einem scharfen, kleinen Messer am Rücken entlang einschneiden und den dünnen, dunklen Darm entfernen (die Rückgrat-Innereien aber nicht).
- 1 EL getrocknete Minishrimps, vorgeweicht in Wein, 1 Ei, Salz, Pfeffer, einen Schuss Reiswein und ein paar Tropfen Sojasauce miteinander in einer Schale verquirlen. Garnelen dazugeben, mit hellem Fond oder Wasser die Schale so weit anfüllen, bis die Garnelen etwa zu zwei Dritteln bedeckt sind.
- Die Schale in Dampfgarer 10 Minuten lang bei 100 °C garen oder in einen Topf stellen, der mit 2–3 cm Wasser befüllt ist und darin zugedeckt 10 Minuten (ab Siedezeitpunkt) dämpfen.
- Die Ei-Sauce mit den würzigen Minishrimps unterstreicht und verstärkt den Geschmack der Garnelen auf ganz fantastische Weise.

Vielseitig einsetzbar – beste Ergebnisse mit den Dampfgarern von Miele

Garnelen in Tomatensauce

Tomatensauce würde man jetzt nicht unbedingt mit chinesischer Küche assoziieren, in der südchinesischen, sehr vielseitigen Kanton-Küche hat sie – beeinflusst durch europäische Kochstile – aber durchwegs Tradition, „sie ist dort aber viel süßer, als man es in Europa gewohnt ist", sagt Simon. Bei seinen Reisen durch Italien ließ er sich dazu inspirieren, die beiden Küchenstile ein bisschen zu fusionieren. So wie bei diesem bei aller Einfachheit aber überaus komplexen und intensiven Gericht, das vor allem vom kräftigen Aroma seiner Sauce lebt, in der sich Süße und Säure der getrockneten Tomaten mit den erdigen Noten der Pilze verbinden – eine Kombination, die vom süßen, saftigen Fleisch der Garnele besonders gut aufgenommen wird.

Zutaten

ganze Garnelen in der Schale (je nach Größe ein bis zwei Stück pro Person)
getrocknete Tomaten
Kirschtomaten
aromatische Pilze (Shiitake, Edelausternpilz, Steinpilz)
Schalotten
Limette
grüne Kräuter nach Belieben (etwa Thai-Basilikum)
chinesischer Reiswein oder Sake
Sojasauce
Olivenöl
Salz, Pfeffer

Zubereitung

- Pro Garnele 4 Stück getrocknete Tomaten fein hacken, Pilze in kleine Würfel schneiden, halbe Schalotte fein hacken und alles zusammen in Olivenöl anrösten. Mit Reiswein ablöschen, mit Wasser aufgießen, Sojasauce, Salz und Pfeffer dazugeben, rühren und zu einer Sauce reduzieren.
- Die Garnelen am Rücken entlang einschneiden und den dunklen, dünnen Darm entfernen (nicht aber das Rückgrat), mit dem Saft einer viertel Limette und Reiswein beträufeln, kurz marinieren.
- Die Garnelen dann in der Pfanne in Olivenöl anbraten, und zwar zuerst auf den Seiten auf der Schale, dann „aufgespreizt", um auch das Innere zu garen. Kirschtomaten dazugeben und mitrösten, die Tomaten-Pilz-Sauce dazugeben und alles miteinander zugedeckt noch etwas köcheln lassen. Mit Sake oder Reiswein noch ein bisschen aufgießen, bis die Sauce eine gute Konsistenz hat, nicht zu flüssig und nicht zu fest. Vor dem Servieren grüne, aromatische Kräuter wie zum Beispiel Thai-Basilikum hinzufügen.

Krabbensalat

Ein Meeresfrüchtesalat, so pur wie möglich. Vorbild dafür ist die Spezialität der so genannten „hairy crabs“ etwa aus dem Yangcheng- oder dem großen Tai-Hu-See südlich des Yangtse-Flusses, die in Shanghai als fast schon mythische Delikatesse verehrt werden. Um die Köstlichkeit des Fleisches dieser Süßwasserkrabben, die nur im Oktober erhältlich sind, nicht zu beeinträchtigen, werden sie gedämpft und auch kaum gewürzt. Ein schlauer Zug, und gedämpft wird in China bei zarten, reichhaltigen Aromen überhaupt gerne, da beim Kochen sonst viel zu viel vom wertvollen Geschmack ins Wasser übergeht. Ist sie fertig gedämpft, wird die Krabbe in China zerhackt und in Sojasauce getunkt, inkonsequenterweise, weil „das nimmt ja wieder den ganzen wunderbaren, feinen Geschmack dieses Tieres“.
„Hairy crabs“ sind in Europa zwar auch schon gesichtet worden (worüber Naturschützer und Bewahrer ursprünglicher Fauna nicht besonders erfreut sind), kulinarisch aber irrelevant. Wir bereiten den Salat aus gedämpfter Krabbe mit Taschenkrebs zu, ebenfalls eine köstliche Krabbe, aber aus dem Meer.

Zutaten

Taschenkrebs
Reiswein
Limette
Olivenöl
grüner Koriander

Vielseitig einsetzbar – beste Ergebnisse mit den Dampfgarern von Miele

Zubereitung

- Den Taschenkrebs sieben bis acht Minuten in den Dämpfer geben oder in einen mit 3 cm Wasser befüllten Topf mit Dämpfsieb legen.
- Die Krabbe auskühlen lassen, dann an den Beinen halten, den Panzer vom Körper lösen, Magen und Maulpartie, Schalen und Kiemen entfernen. Die Corail – den köstliche Rogen – aus dem Panzer bergen und beiseite legen. Die Flüssigkeit, die beim Zerlegen austritt, auffangen und beiseite stellen. Den Körper mit einem Hackmesser nun in Stücke hacken, das Krabbenfleisch und die Corail aus dem Körper herauslösen, die Beine aufknacken (mit einer Hummerzange oder einem Nussknacker) und das Fleisch herauslösen, „allzu großzügig darf man da nicht sein, sonst hat man am Ende gar nichts“.
- Das Krabbenfleisch auf den Panzer platzieren, in einen tiefen Teller setzen und das Ganze mit der Flüssigkeit aus der Krabbe übergießen, mit einem Schuss Reiswein, etwas Limettensaft und Olivenöl marinieren und mit etwas grünem Koriander garnieren – der köstliche Eiweiß-Schock pur.

Geschmorter Octopus mit Schweinebauch

Eine Kombination, die sich für uns Europäer, die wir es gewohnt sind, entweder Fleisch oder Fisch zu essen, nicht auf den ersten Blick erschließen mag (auch wenn in manchen Regionen Spaniens, Portugals oder Italiens eine so genannte „Mont y Mar"- oder „Monte e Mare"-Küche durchaus existiert). Aber genau das macht letztlich den Reiz der südchinesischen Küche der Küstenregion aus, dass man sich über Tabus hier ganz gerne mal hinwegsetzt und einfach probiert, was interessant sein könnte. „Ich habe das Faible, Tiere zu kombinieren, die sich im wirklichen Leben nie begegnen", sagt Simon, und neben den Aromen der beiden unterschiedlichen Zutaten, die sich in diesem Gericht wunderbar harmonisieren, ist es vor allem das Nebeneinander der beiden Konsistenzen – das Mürbe vom Fleisch, das Geschmeidige des Fisches, ein perfektes Beispiel für haptische Brillanz. Der geschmorte Octopus mit Schweinebauch gehört zu den absoluten Favoriten sowohl im ON als auch in der ChinaBar. Wer es zum ersten Mal probiert, ist zumeist begeistert und überrascht. Und danach will man es immer wieder ...

Zutaten

1 Octopus (normalerweise zwischen 0,7 und 1,5 Kilo, tiefgefrorene Fische sind kein Nachteil, da sie mit ziemlicher Sicherheit weich sind, müssen aber eben zuvor aufgetaut werden – am besten über Nacht im Kühlschrank)
Schweinebauch (halbe Menge vom Tintenfisch, in ca. 1 cm dicken Scheiben)
Rapsöl
frische Chilischoten
brauner Zucker
Salz, Pfeffer
Rosmarin und/oder Salbei
2 daumengroße Stück Ingwer (mit dem flachen Messer angedrückt)
3–4 Knoblauchzehen (ebenfalls angedrückt)
1 Sternanis
dunkler Reiswein oder Rotwein
Sojasauce

Zubereitung

- Den Octopus ordentlich und mit reichlich Wasser waschen, den Körpersack umdrehen, die darin befindliche, innere Haut entfernen (sandig!), Schnabel herausdrücken (Achtung, besteht aus mehreren Teilen), wenn vorhanden, Augen entfernen. Die Beine und den Körpersack in grobe Stücke schneiden.
- Den Schweinebauch in 2 cm breite Streifen schneiden. Reichlich Rapsöl im Topf heiß werden lassen, die Schweinebauch-Streifen darin anrösten, bis sie eine goldbraune Kruste bekommen und etwas Fett verlieren.
- Das Fett abgießen, den Octopus zum Schweinebauch geben und bei kleiner bis mittlerer Hitze mitrösten; drei bis vier Chilis dazugeben sowie 1 ½ El Zucker und ⅛ l Reiswein oder Rotwein, salzen und pfeffern. (Achtung: Nur sehr sparsam oder gar nicht salzen, da der Octopus salzwasserhältig ist!)
- Rosmarin und/oder Salbei im Ganzen dazugeben und alles zusammen eine Stunde bei kleiner Hitze zugedeckt schmoren.
- Vor dem Anrichten den Deckel herunternehmen und die Sauce bei großer Hitze einreduzieren. Mit Sojasauce, Wein und Zucker geschmacklich noch etwas abstimmen.

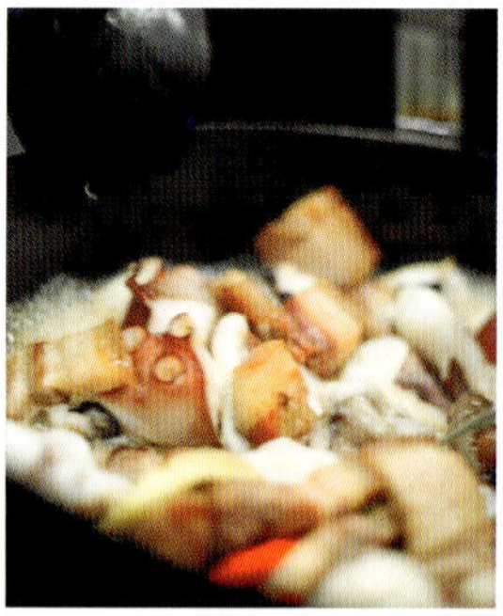

Octopus-Salat

Der zu Salat verarbeitete Pulpo, alias Octopus, erfreut sich derzeit überall großer Beliebtheit, es handelt sich um ein einfaches und schnell zubereitetes Gericht aus den Fischerhäfen des Mittelmeeres und des Golfs von Biskaya. Simon bereitet den südeuropäischen Pulpo-Salat so zu, wie es ein Chinese machen würde – und gibt ihm damit eine ganz spezielle Note.

Zutaten

1 Octopus (zwischen 0,7 und 1,5 Kilo – je größer, desto besser)
1 Jungzwiebel
Stangensellerie
Fenchel
Lorbeer
Schalotte
Reiswein
ganze Pfefferkörner
Mirin (japanischer süßer Reiswein)
Sojasauce
Olivenöl
weißer Balsamico
Koriandergrün
Thai-Basilikum
frische Chilischote
Salz, Pfeffer

Zubereitung

- Einen großen Topf mit Wasser aufstellen, aromatisches Grün hineingeben (Jungzwiebel, Stangensellerie, Fenchel, Lorbeer, Schalotte, je nachdem, was man gerade im Kühlschrank hat), um dem Octopus das Fischige zu nehmen und dafür eine frische, grüne Komponente zu geben. Einen Schuss Reiswein ins Wasser, aber kein Salz, allerdings je nach Geschmack ein paar ganze Pfefferkörner.
  Den Tintenfisch im Ganzen ins Wasser, zum Sieden bringen, dann 45 Minuten lang kochen.

- Danach den Octopus aus dem Wasser nehmen (er hat seine Farbe verändert, ist statt blaugrau jetzt rotbraunviolett mit weißer Innenseite, die Fangarme haben sich eingerollt), beiseite stellen und abkühlen lassen (er lässt sich dann sehr viel besser schneiden, außerdem bleibt die optisch wie geschmacklich attraktive Haut dran, beim warmen Octopus löst sie sich leicht ab). In mundgerechte Stücke und Scheiben schneiden, ganz nach Belieben.
- Koriandergrün, Thai-Basilikum, fein gehackte Chilischote und ganz fein gehackten Fenchel untermischen.
- Eine Marinade aus Mirin, Salz, Pfeffer, ein paar Tropfen Soja, Olivenöl und weißem Balsamico mischen, vermengen, den Octopus-Salat damit marinieren und durchmischen. Den Salat rasch servieren, damit die Frische des Fisches nicht verloren geht.

- Dieser Salat lässt sich auch mit Shrimps oder Tintenfisch/Kalmar machen, dabei wird die Garzeit aber auf maximal ein bis zwei Minuten reduziert.

Jakobsmuscheln mit vergorenem rotem Tofu

800 nach Christus war Hangzhou Hauptstadt Chinas, nicht erst da hat sich eine ganz spezielle Kultur um Reiswein und dessen Umfeld entwickelt. Nach wie vor gilt Hangzhou als jener Ort Chinas, wo es den besten Reiswein gibt. Eine der Spezialitäten aus den Vorstädten Hangzhous ist auch der in Reiswein-Most vergorene Tofu. Es gibt ihn in einer weißen und in einer – noch etwas intensiveren – roten Variante namens „Fu Ru" („verdorbenes Milchiges"). Diese sehr spezielle und im Westen kaum bekannte Tofu-Variante hat einen intensiven, salzig-fruchtigen Geschmack, der einen so genannten „adstringierenden" Nachgeschmack hat, was so viel bedeutet, wie dass es einem den Mund ein bisschen zusammenziehen wird. Man verwendet „Fu Ru"-Tofu in China gerne als Basis für Saucen und als Zutat für Schmorgerichte.

Zutaten

Jakobsmuscheln (je nach Menge der gekochten Gerichte, aber zumindest ein Stück pro Person)
vergorener roter Tofu „Fu Ru" (meist im Keramiktopf, erhältlich im Asia-Laden)
Mirin (süßer, japanischer Reiswein, ausschließlich zum Kochen)
Zucker
Butterschmalz
grüner Salat

Zubereitung

- Wenn man ganze Jakobsmuscheln bekommt, diese waschen, mit einem kurzen Messer den Schließmuskel lösen und alles entfernen, was braun oder schwarz ist (Magen, Darm), nicht aber die strahlend orangerote Corail (Rogen) und auch nicht die umgebenden Muskelstrukturen (sie sind zwar etwas bissfest, erinnern an gebratene Auster, schmecken aber weitaus intensiver, mineralischer als der weiße Hauptmuskel). Simon sagt: „Nur den Muskel der Jakobsmuschel zu essen ist, wie wenn man vom Huhn nur die Brust isst – das ist mir zu fad."

- Für die Sauce einen Löffel vergorenen Tofu mit etwas Mirin vermengen und verrühren, bis eine sämige Sauce entsteht. Sollte sie zu herb sein, noch etwas zuckern.

- In einer Pfanne einen halben Löffel Butterschmalz heiß werden lassen, die Jakobsmuscheln dazugeben und bei mäßiger Hitze braten, bis sie eine leicht braune Färbung bekommen, aber bloß nicht zu lang, die Muscheln sollen im Kern noch glasig sein.
Auf etwas grünem Salat anrichten, ein bisschen rote „Fu Ru"-Sauce darüber – so hat Jakobsmuschel noch nie geschmeckt …

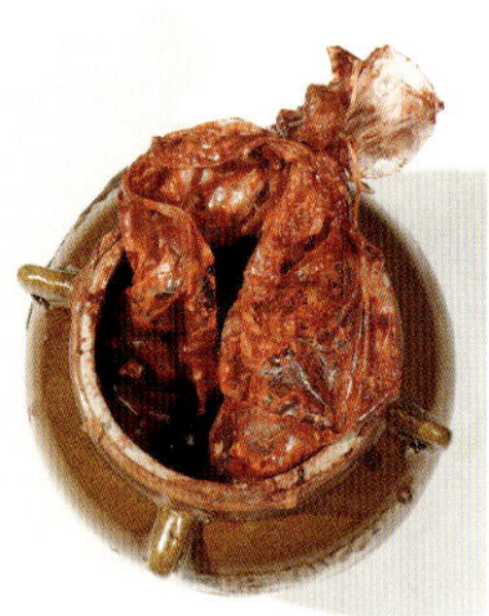

Quallensalat

Was bei uns Europäern in erster Linie Ekel hervorruft, ist in Ostasien völlig normal: Quallen zu essen. Natürlich sind nicht alle der unendlich vielen Gattungen dieser seit über 500 Millionen Jahre existierenden und zu 99 % aus Wasser bestehenden Urtiere essbar, die so genannte Wurzelmundqualle alias „Jellyfish“ ist es aber sehr wohl.
In großen Runden, wenn an die zehn bis zwölf Vorspeisen bestellt werden, kommt Quallensalat in China automatisch auf den Tisch und bleibt auch bis zum Schluss aufgedeckt. Als „kalter Teller“, wie man derartige Gerichte bezeichnet, dient er der Erfrischung zwischendurch, ähnlich dem Sorbet in der französischen Küche. Die Konsistenz des Quallensalates ist schwer zu beschreiben, eine Art bissfestes Gelee. Geschmacklich verhält sich die Qualle äußerst neutral, unmariniert und roh schmeckt sie nach Meerwasser, nimmt Marinaden aber entsprechend dankbar auf.
In China galten Quallen früher als typisches „Arme-Leute-Essen“, erzählt Simon, vor etwa 25 Jahren wurden sie aber kostspieliger und gewannen damit auch an Prestige. In Asia-Shops bekommt man eingesalzene Quallen auch bei uns recht problemlos.

Zutaten

1 Packung Quallen
Salz
Sojasauce
Zucker
Reiswein
Reisessig
Sesamöl
Ingwer
Koriandergrün
Schalotten
Limette
Gurken
Pfeffer

Zubereitung

- Die Quallen müssen zuerst mehrere Stunden (5–6) im Kühlschrank gewässert werden, zuvor ist es aber kurioserweise erforderlich, sie noch ein wenig einzusalzen.
- Nach dieser Prozedur werden die Lappen eingerollt und in nudelige Streifen geschnitten. Die Gurken ungeschält in Streifen schneiden. Aus Reiswein, Sesamöl, etwas Salz, Pfeffer, Sojasauce und einem Kaffeelöffel Zucker mischt man eine Marinade, die mit fein gehacktem Ingwer, Koriander, gehackten Schalotten und Stückchen vom Limettenfilet sowie etwas Reisessig vermengt wird.

Schwertmuscheln Tom Yum Gon

Als thailändisches Nationalgericht ist diese sauerscharfe Suppe mit Garnelen, Pilzen, Galgant, Zitronengras, Kaffirlimonenblättern, Chili und Tamarinde auf der ganzen Welt bekannt und beliebt. In der Provinz Kanton – der südlichsten der chinesischen Küstenregionen rund um Hongkong und Macao mit ihrer extrem scharfen und mitunter etwas obskuren Küche – ist diese aromatische Mischung auch sehr beliebt, wird aber durchaus gerne variiert. Das macht auch Simon mit diesem Rezept: „Mit frischen Zutaten schmeckt Tom Yum viel besser als mit getrockneten oder konservierten, damit wird die Sache zu müde und aromatisch mickrig." Statt Garnelen werden hier Schwertmuscheln verwendet, die an der chinesischen Südküste zwar völlig unbekannt sind, sich mit ihrem fantastischen Geschmack, der ein bisschen an Vanille erinnert, aber sehr für diese Würzung eignen.

Zutaten

Schwertmuscheln
(mindestens 300 g)
Knoblauch
Ingwer
Kaffirlimonenblatt
Zitronengras
Tom-Yum-Sauce
Reiswein
Rapsöl
Sojasauce
Salz
Pfeffer
Zucker

Zubereitung

- Die Muscheln gründlich waschen. (Schwertmuscheln vergraben sich im Sand und sind somit fast immer sandig. Vorsicht beim Waschen, die Muschelschalen können recht scharfkantig sein.)
- Geschälte Knoblauchzehe, eine Scheibe Ingwer, Limonen-Blatt und Zitronengras klein hacken.
- Im Wok ein bisschen (etwa 1 EL) Rapsöl heiß werden lassen, Gewürze dazugeben und bei kleiner Hitze anrösten (Achtung, klein gehackt verbrennen sie leicht!), 1 EL Tom-Yum-Sauce dazugeben und kurz mitrösten.
- Dann die Hitze erhöhen und die Muscheln dazugeben, salzen, pfeffern, etwas Zucker, einen Schuss Reiswein und 1/16–1/8 l Wasser dazugeben, ringförmig in den Wok eingießen, um die Hitze an einer Stelle nicht zu stark zu reduzieren. Zudecken, Hitze reduzieren und ein paar Minuten dünsten. Muscheln, die sich nicht geöffnet haben, wegschmeißen, die anderen mit ganz wenig Sojasauce würzen und sofort möglichst heiß servieren.

Der Wok

Der Wok ist nicht einfach nur eine runde, halbkugelige Pfanne, der Wok ist eine Gartechnik. Also, um genau zu sein, ermöglicht der Wok eine ganze Menge der unterschiedlichsten Gartechniken, die diversen Arten des Schmorens, Kochen, Dünsten, Dämpfen, Frittieren und eben das ganz spezielle Braten, das nur im Wok so einzigartig gelingt.
Das liegt daran, dass sich beim Braten mit dem Wok, etwas hinkend auch als „Pfannenrühren" übersetzt, sehr große Hitze gleichmäßig über die gesamte rundgewölbte Pfanne verteilt, es keinen Boden und keine Wände gibt. Außerdem liegt es daran, dass das Bratgut ständig bewegt, geschwenkt wird und somit idealerweise nie zum Aufliegen und Anbraten kommt. Das bedeutet, dass Fisch oder Fleisch, vor allem aber Gemüse eher durch die enorme Strahlungshitze der Pfanne gegart werden und dank der ständigen Bewegung und der Harmonie zwischen Schwenken und Rühren (und dem Schneiden in kleine Stücke) nie anrösten, sondern frisch und knackig bleiben – und dass sie dadurch aber auch kein Wasser verlieren, in dem sie zwangsläufig dünsten würden. Meisterliche Beherrschung des Woks bedeutet, dass aller Saft, alle Flüssigkeit im Bratgut verbleibt (Salzen erst ganz zum Schluss ist daher unabdingbar!). Die Chinesen sprechen von „Huo Hou", dem „Feuer-Timing", und meinen damit das, was die Europäer unter „auf den Punkt gegart" verstehen.
Braten mit dem Wok in europäischen Haushaltsküchen ist nicht besonders Erfolg versprechend. Denn Gasflammen erreichen nie die Hitze, die wirklich notwendig wäre, und bei Elektroplatten wird gerade einmal die Auflagefläche erhitzt. Spezielle Wok-Flammen, die von zahlreichen Herstellern mittlerweile angeboten werden, bringen sehr gute Ergebnisse, auch semiprofessionelle Induktions-Wok-Plätze funktionieren großartig, sind für den Haushaltsbereich aber schon ein wenig überdimensioniert. Auf das Wok-Prinzip muss man dennoch nicht verzichten, eine flache Pfanne mit mittlerer Gasflamme (bei kleinerer Portion) ermöglicht mit ständigem Bewegen und Schwenken durchaus vergleichbare Ergebnisse. Hitze ist der wesentliche Punkt. Um die nicht einzubüßen, sollte jede Flüssigkeit auch kreisförmig in den Wok eingegossen werden. Öl sollte geschwenkt werden, dass es sich im ganzen Wok, der gesamten Pfanne verteilt. In Asia-Läden werden sehr dünne Leichtmetall-Woks angeboten, die sich zwar schnell erhitzen, die Hitze aber leider gar nicht speichern und sehr schnell abkühlen, schwere, große, massive Gusseisen-Woks aus europäischer Produktion haben dafür eher dekorativen Charakter. Ideal ist der Mittelweg, ein chinesischer Eisen-Wok, den man vor Gebrauch allerdings zuerst einbraten, also extrem heiß werden lassen muss, bis sich braune Flecken bilden; dann Öl ringförmig eingießen, bis grauer Dampf entsteht, schwenken. Dann den Wok vom Feuer nehmen, etwas abkühlen lassen und mit Öl Zentimeter für Zentimeter mit einem Tuch einreiben – so ist er wirklich sauber und gereinigt, hat eine Schutzschicht und eine natürliche Antihaft-Beschichtung. Und zum Trost: Auch viele Chinesen haben durchaus ihre Schwierigkeiten, mit dem Wok zu kochen.

Beim Gemüse hat Simon ein klares Prinzip: alles andere als fad. Und diese Gefahr besteht auch kaum, denn im Wok wird jedes Gemüse mit Energie sozusagen aufgeladen. Gewürze sind dabei natürlich ebenso wichtig wie die Konsistenz, Fermentationen und Marinaden bringen Vielfalt und Aromenspiel, Pürees und blassen Gemüsebrei wird man bei Simon vergeblich suchen.
Frische und Saisonalität sind es vielmehr, die ihn reizen. Und auch Gemüsesorten, die in Österreich womöglich seit Jahrhunderten ein trauriges Beilagen-Dasein fristen, den vollen Geschmack und den hundertprozentigen Charakter zu entlocken. Wiewohl man nicht vergessen darf: Gemüse im Wok klingt zwar einfach und schaut auch nicht sehr kompliziert aus, ist in Wahrheit aber die hohe Schule des Umgangs mit der feurigen Rundpfanne. Beim chinesischen Festmahl dient das nur leicht gewürzte Wok-Gemüse als „Gaumenreiniger". Nudeln werden in Simons Heimatregion dafür primär als Imbiss genossen, warm, kalt, mariniert oder in der Suppe.
Das dafür aber von früh bis spät.

GEMÜSE & NUDELN

Bittergurke, gefüllt mit Mangalitza-Schwein

Ursprünglich waren alle Gurken bitter, doch wo unsere Gurken eigentlich nur mehr wässrig-fruchtig-hellgrün schmecken, wurde der asiatischen Bittergurke ihr aromatischer Esprit belassen. Die Bittergurke wächst in ganz China, besonders beliebt ist sie aber in der Kanton- Region, wo man sie gerne füllt, im Wok zubereitet oder auch Tee aus ihr macht.
Der bittere Geschmack wird in der Küche der südchinesischen Küstenregion durchaus geschätzt, man verwendet etwa die Schalen von Bitterorangen zur Aromatisierung oder isst leidenschaftlich gerne Löwenzahn. Und zwar nicht nur als geschmacklichen Kontrast zur Süße, Schärfe und Salzigkeit der Gerichte dieser Region, sondern auch, weil das Bittere als entgiftend und anregend für den Stoffwechsel gilt. In der „Yang-shen“-Küche, der Küche der „Körperpflege“, kommen bittere Geschmacksnoten jedenfalls häufiger vor als in der Alltagsküche.
Frisch bekommt man die etwas faltig wirkenden Bittergurken mittlerweile in jedem Asia-Shop, im Sommer kommen sie aus Ungarn, das restliche Jahr über aus den Glashäusern in Holland. Besonders gut gelingt die Fülle der Bittergurken, wenn man Fleisch langsam wachsender, fetter Schweine mit hocharomatischem Fleisch verwendet, also etwa Mangalitza-Schwein oder – wobei das eher selten zu bekommen ist – chinesisches Maskenschwein.

Zutaten

1 mittelgroße Bittergurke
Zitrone

Für die Füllung

Schopfbraten vom Mangalitza- oder Maskenschwein, (pro Gurke etwa 100 Gramm)
Ingwer
Chili
Schalotten
aromatische Pilze (nach Angebot und Belieben)
Karotten
Ei
Salz, Pfeffer
Zucker
Reiswein
Kartoffel- oder Süßkartoffelmehl
fermentierte Schwarzbohnen
Sojasauce

Zubereitung

- Die Gurke waschen und die Enden (großzügig) entfernen, zwei etwa vier Zentimeter breite Gurkenscheiben abschneiden und zur Seite legen. Die restliche Gurke halbieren und das Kerngehäuse mit einem Löffelchen entfernen. Auch aus den beiden Gurkenscheiben das Kerngehäuse entfernen.
- Wasser in einem Topf zum Kochen bringen, salzen und den Saft einer Zitrone beigeben. Die Gurkenstücke darin kurz blanchieren, bis sie ein kräftiges Hellgrün angenommen haben. In kaltem Wasser abschrecken und darin stehen lassen, das zieht die Bitterstoffe (von denen die Gurke reichlich hat) heraus.
- Für die Füllung Ingwer, Chili, Schalotten, Karotten und Pilze sehr klein hacken, am besten in Würfel von maximal drei Millimeter Kantenlänge oder kleiner. Auch das Fleisch so klein wie möglich hacken, drei Millimeter wären auch hier die anzustrebende Größe. Fleisch und Gemüse in einer Schüssel im Verhältnis 2:1 vermischen, salzen, pfeffern, etwas zuckern und einen Schuss Reiswein zugeben, ein geschlagenes Ei und einen Teelöffel Kartoffel- oder Süßkartoffelmehl zur Bindung einarbeiten. Die Füllung zu einer Tatar-artigen Masse verkneten, die Gurkenringe und die Gurkenhälften damit füllen. Zum Abschluss noch ein paar fermentierte Schwarzbohnen auf der Füllung der Gurken verteilen, aber nicht mit der Fülle vermischen.
- Im Dampfgarer zehn Minuten bei 100 °C dämpfen oder einen Topf mit drei Zentimeter Wasser füllen, Dämpfeinsatz hineinstellen, die Gurken auf einen Teller legen, diesen auf den Dämpfeinsatz setzen und zehn Minuten ab Siedepunkt dämpfen. Vor dem Servieren mit Sojasauce abschmecken.

Vielseitig einsetzbar – beste Ergebnisse mit den Dampfgarern von Miele

Gebratener Reis mit eingelegten Roten Rüben

„Kein Asiate macht etwas mit Roten Rüben", sagt Simon, Rote Rüben sind in Asien unbekannt und scheinen es – im Gegensatz zu anderen „westlichen" Gemüsen, die gerade große Karriere in China machen – auch zu bleiben. Simon schätzt sie allerdings sehr, weshalb er aus Roten Rüben eine Art Kimchi macht. Das ist eine uralte, ursprünglich aus Korea stammende, mittlerweile aber in ganz Asien gebräuchliche Konservierungsmethode für Gemüse auf der Basis von Milchsäuregärung, also durchaus ähnlich unserem Sauerkraut. Normalerweise wird Kimchi aus Chinakohl hergestellt, im Lauf der Jahrhunderte und Jahrtausende ist das Spektrum der sauersalzigen Gemüse aber so unendlich groß geworden, dass man getrost sagen kann: Kimchi kann man aus allem machen. Und Simon macht es aus Roten Rüben.

Zutaten

Rote Rüben
Salz
Zucker
Ingwer
Knoblauch
koreanisches Paprikapulver
koreanische Paprikapaste
Obstessig

Für den Reis

Jasminreis oder Rundkornreis
Ingwer
Schalotten
Zitronengras
grünes Gemüse (weißer Pak Choi, Spinat, Rucola)
Olivenöl
Reiswein oder Weißwein
Sojasauce

Zubereitung

- Zuerst die Roten Rüben schälen und in feine Scheiben schneiden. Für diese Arbeit zahlt es sich aus, erstens ein Plastikschneidbrett zu verwenden, das man in den Geschirrspüler stellen kann (ein Holzbrett trägt die Spuren der Roten Rüben sonst noch recht lange), und zweitens Gummihandschuhe zu tragen – die Färbekraft frischer, saftiger Roter Rüben ist wirklich enorm.
- Die Roten Rüben dann in einer Schüssel etwas salzen und mit dem Salz behutsam verkneten, gehackten Ingwer und Knoblauch dazugeben, ein wenig zuckern, einen Schuss Obstessig dazugeben und koreanisches Paprikapulver sowie einen Kaffeelöffel der koreanischen Paprikapaste beifügen, alles schön miteinander vermengen.
- Die so marinierten Roten Rüben dann in ein Behältnis füllen (zum Beispiel ein Rexglas), luftdicht zudecken und in den Kühlschrank stellen. Schon nach einer Nacht ist das Rote-Rüben-Kimchi durchaus brauchbar, sollte es vielleicht sogar ein wenig zu gären begonnen haben, ist das umso besser.
- Der Reis wird gekocht und beiseite gestellt. Den Ingwer fein hacken, die Schalotten in Streifen schneiden, das Zitronengras ebenfalls fein schneiden, das Gemüse grob hacken.
- In einer Pfanne oder einem Wok Olivenöl erhitzen, die Gewürze kurz darin anschwitzen. Dann die Roten Rüben (zerkleinert) dazugeben, die Temperatur erhöhen und die Pfanne/den Wok schwenken; den gekochten Reis beigeben und unter ständigem Schwenken und/oder Rühren leicht anbraten lassen.
- Salzen, pfeffern und das grob gehackte grüne Gemüse hinzugeben, noch ein- bis zweimal schwenken, das Gemüse gart im heißen Reis sofort, soll aber auf jeden Fall grün bleiben. Noch mit einem Schuss Reis- oder Weißwein ablöschen und mit etwas Sojasauce abschmecken.

Artischockenboden,
gefüllt mit Tofu und 1000-jährigem Ei

Nein, die berühmt-berüchtigten 1000-jährigen Eier sind nicht wirklich so alt. Dann wären sie wohl ebenso unbezahlbar wie ungenießbar. Aber sie sehen zumindest so aus, dass man sich vorstellen könnte, sie seien so alt: Es handelt sich dabei um eine seit vielen hundert Jahren praktizierte Methode der Konservierung roher Enteneier. Dazu werden die Eier etwa hundert Tage in einen Brei aus Holzkohle, Reiskornschalen, Salz, gebranntem Kalk und Wasser eingelegt. Während dieser Zeit findet eine Fermentation statt, bei der das Eiweiß zu einem braunschwarzen Gelee mutiert und sich der Dotter in ein grünlich-saphirfarbenes Etwas mit topfiger Konsistenz entwickelt. Der Geschmack der tausendjährigen Eier ist weit weniger spektakulär, als ihr Aussehen vermuten lassen würde, vor allem mit Sojasauce, Essig, Ingwer und Frühlingszwiebeln genossen, wie man es etwa in Sichuan macht, schmecken sie ein bisschen nussig, cremig, salzig. Bei diesem Gericht geht die tolle Optik des tausendjährigen Eis leider ein wenig verloren, da es gehackt und mit dem Tofu vermischt wird. Andererseits: Europäer brauchen für Tofu immer ein markantes Begleit-Aroma, und da sind die Antik-Eier genau richtig.

Zutaten

Mittelgroße Artischocken (zumindest eine pro Person)
Limette
Olivenöl
Thymian
Lorbeer
1 tausendjähriges Ei
frischer Tofu
1 Frühlingszwiebel
Honig
Reiswein
Sojasauce
Salz, Pfeffer
Zucker
Kürbiskernöl

Zubereitung

- Einen Topf mit Salzwasser aufsetzen, eine halbe Limette, einen Schuss Olivenöl, Thymian und Lorbeer oder andere Kräuter nach Belieben dazugeben. Die Artischocken ins Wasser geben und zum Kochen bringen, je nach Größe der Artischocken 30 bis 45 Minuten kochen.
- Dann herausnehmen und möglichst kalt abschrecken.
- Das Putzen der Artischocken ist eine etwas mühselige Angelegenheit, man schneidet zuerst den Stängel plan ab, entfernt dann die äußeren, harten Blätter, bis man zu den weichen, saftigen, gelbgrünen Blättern direkt am Artischockenboden vorgedrungen ist; dann kappt man mit einem scharfen Messer den oberen Teil, wobei man nicht sparsam sein sollte – zwei Drittel sollte man mindestens wegschneiden. Und nun muss man noch die Staubgefäße – eine Artischocke ist ja eine Blüte – entfernen, entweder mit einem kleinen Messer oder einem scharfkantigen Löffel, „die müssen unbedingt weg, das können nicht einmal Chinesen essen".
- Das tausendjährige Ei vorsichtig von seiner Schale befreien, waschen und in kleine Würfel schneiden/hacken. Den Tofu – etwas mehr als das Ei – auch in Würfel schneiden/hacken, die Frühlingszwiebel fein hacken (das Weiße und das Grüne), Tofu, Ei und Zwiebel in einen Rührtopf geben, ein bisschen salzen und pfeffern und einen Kaffeelöffel Honig dazugeben, mit ein paar Tropfen Reiswein und etwas Sojasauce marinieren. Mit der Hand vermischen und dabei ganz, ganz vorsichtig miteinander verkneten. Wenn man will (und wenn Frische und Saftigkeit es zulassen), den Artischockenstängel ebenfalls hacken und in die Fülle einarbeiten. Anschließend in die Artischocke einfüllen und mit Kürbiskernöl beträufeln.

Melanzani aus dem Wok mit Süßbohnensauce

Original heißt die Süßbohnensauce „Tian Mian Jiang" (wobei man das a in „Mian" irritierenderweise als e ausspricht) und beschreibt eine süße, aber auch recht salzige, vor allem aber dickflüssige und überaus reichhaltige dunkle Sauce, die gerne auch zur Pekingente gereicht wird. Sie ist der weitaus bekannteren Hoisin-Sauce zwar ähnlich, enthält im Gegensatz zu dieser aber keinen Knoblauch. Hergestellt wird die Süßbohnensauce aus fermentierten Sojabohnen, einem Nebenprodukt der Sojasaucengewinnung, Weizenmehl, Zucker, Salz und Mantou, einem speziellen, gedämpften Brötchen aus dem Norden Chinas – diese Sauce fällt also nicht unbedingt in die Kategorie der „leichten" Saucen.
Woher genau die Melanzani oder Aubergine stammt, ist bis heute nicht geklärt, dass sie aus Asien kommt und hier bereits seit Jahrtausenden kultiviert wird, steht jedoch fest. Im Gegensatz zu Österreich, wo Auberginen fast ausschließlich in ihrer ovalen, violetten Varietät bekannt sind, existieren in China unzählige Sorten in den verschiedensten prachtvollen Farben und Formen. In China wird auch mehr als die Hälfte der weltweiten Auberginen-Produktion von über 40 Millionen Tonnen pro Jahr geerntet.

Zutaten für die Sauce

Süßbohnensauce „Tian Mian Jiang"
Grüner Veltliner
Kristallzucker

Für die Melanzani

2 verschiedene Sorten Melanzani
frische Chilischoten
1 Knoblauchzehe, gehackt
Rapsöl
Reiswein
Sojasauce
Salz, Pfeffer

Zubereitung

- Für die Sauce Süßbohnensauce und Grünen Veltliner in gleichem Verhältnis vermischen, also ein Viertelliter Wein auf 250 Gramm Sauce. Für diese Menge noch drei Esslöffel Kristallzucker zufügen (bei geringerer oder größerer Menge entsprechend weniger oder mehr) und alles miteinander mit dem Stabmixer verrühren.

- Reichlich Rapsöl in einen Wok geben und aufheizen. Die Melanzani, eine frische Chilischote und den Knoblauch dazugeben und bei voller Hitze anbraten, bis es raucht. Kräftig schwenken und rühren, viel bewegen, die Melanzani dürfen nicht angrillen, sonst werden sie bitter. Salzen, pfeffern und großzügig mit Reiswein ablöschen und einen Löffel der Süßbohnen-Veltliner-Sauce dazugeben. Etwas Sojasauce hinein und mit Wasser aufgießen, bis die Melanzani knapp bedeckt sind. Aufkochen lassen, Hitze reduzieren und den Wok zudecken, 10 bis 12 Minuten zugedeckt köcheln lassen.
- Vor dem Anrichten den Deckel herunternehmen, die Hitze erhöhen und die Sauce einreduzieren, bis sie sämig und konzentriert ist, die Melanzani dürfen dabei aber nicht zu weich werden.
- Die Melanzani bekommen durch diese doppelte Garung – Braten und Schmoren – eine besonders fleischige Konsistenz und wirken nicht zuletzt aufgrund der üppigen Sauce besonders reichhaltig, obwohl dieses Gericht absolut vegan ist.

Weiches Kraut aus dem Wok

Zwei, die gut zueinanderpassen – das junge Kraut und der heiße Wok. Das in Österreich übliche „harte Spätkraut" ist in China unbekannt, erzählt Simon, und erst hier habe er dieses so vielseitig verwendete Gemüse kennen und schätzen gelernt. Das „weiche Frühkraut" habe er als ideales Wok-Gericht entdeckt, denn dieses zarte, junge Gemüse enthält fast so viel Fruchtzucker wie etwa die Himbeere oder die Grapefruit, also veritable (wenn auch nicht gerade außerordentlich süße) Obstsorten. Weshalb es im heißen Wok auf köstliche Weise karamellisieren und somit zum völlig neuen Krauterlebnis werden kann.
Als besonders geeignet empfiehlt Simon für dieses Gericht die flachen Krauthäupteln, sie gelingen im Wok am besten, „ein einfacher, winterlicher Salat".

Zutaten

1 Kopf frühes Weißkraut
1 Knoblauchzehe
3–4 getrocknete Chilischoten
Salz, Pfeffer
Zucker
Rapsöl
Reiswein oder Weißwein
Gemüsefond

Zubereitung

- Das Kraut in Streifen schneiden, die Knoblauchzehe in feine Scheiben zerschneiden.
- Rapsöl in den Wok geben, Knoblauch und Chili anrösten. Wenn kein Wok oder keine große Flamme vorhanden sind, eine große, beschichtete Pfanne verwenden. Kraut auf höchster Flamme ganz scharf anbraten, die Ränder der Krautstreifen können sogar bräunlich angeröstet sein. Salzen und pfeffern und eine Prise Zucker dazugeben, etwas Reiswein oder Weißwein beigeben und mit einem Schuss Wasser oder Gemüsefond ablöschen. Dann noch drei bis vier Minuten auf höchster Flamme durchgaren lassen.
- Beim Servieren die getrockneten Chilischoten höchstens als Dekoration verwenden, auf keinen Fall mitessen.

Lauwarm marinierte Nudeln Dao Qia Mian mit asiatischem Brokkoli

Nudeln sind vor allem im Norden Chinas das Grundnahrungsmittel, kein Wunder, wächst hier doch Getreide und nicht Reis so wie im Süden. Nudeln werden hier in den unterschiedlichsten Formen hergestellt, auf die unterschiedlichsten Arten erzeugt. Das Ziehen etwa erfordert ernorme Geschicklichkeit und Übung, dass daraus in spezialisierten Restaurants eine richtige Show gemacht wird, bei der meterlange Nudelbündel herumgeschwenkt und dabei gedehnt werden, ist somit kein Wunder. Dao Qia Mian bedeutet so viel wie „beigeschnittene Nudeln", das heißt, in diesem Fall muss man mit keinen akrobatischen Nudel-Wurf-Übungen rechnen, vielmehr werden die Nudeln sehr einfach nach Art von Frittaten hergestellt.
Bei der Würzung greift Simon auf eine südchinesische Mischung zurück, denn „im Norden können sie zwar besser Nudeln machen als wir im Süden, aber beim Würzen sind sie ein bisschen daneben".

Zutaten
für die Nudeln

250 g Mehl
2 Eier
Salz
asiatischer Brokkoli
Enoki-Pilze

Für die Marinade

frische Chilischote
Ingwer
Knoblauch
Limette
Jungzwiebel
Reisessig
Olivenöl
Wachtelei
Salz, Pfeffer
Reis(Weiß)wein
Sojasauce

Zubereitung

- Das Mehl, die Eier (geschlagen) und ein wenig Salz mit sehr wenig Wasser vermischen und einen elastischen Teig daraus kneten, 15 Minuten rasten lassen. „Das Ei ist nicht unbedingt nötig, macht den Nudelteig aber geschmeidiger."
- Den Teig mit dem Nudelholz oder mit einer Nudelmaschine auf einen Millimeter ausrollen, mit Mehl bestäuben, einschlagen und in 0,5 cm breite Streifen schneiden. Noch einmal mit Mehl stauben, lockern.
- Den Brokkoli waschen und die Blätter sowie die oberen Bereiche der Stängel (wo er noch nicht holzig ist) in drei bis vier Zentimeter große Stücke schneiden und wenige Sekunden in kochendem Salzwasser blanchieren.
- Nun die Nudeln kochen, allerdings in ungesalzenem Wasser, auch nur ganz kurz, höchstens eine Minute. Dann mit kaltem Wasser abschrecken, Brokkoli und die rohen Enoki-Pilze dazugeben (sie verfügen im rohen Zustand über eine köstliche, frischfruchtige Schärfe).
- Chili, Ingwer, Jungzwiebel, etwas Knoblauch fein hacken und mit Salz, Pfeffer, Sojasauce, einer Prise Zucker, Reisessig, Olivenöl und Limettensaft vermischen. Die Nudeln damit marinieren.
- Aus dem Wachtelei ein Spiegelei braten und auf die Nudeln geben – ein sehr frischer, reichhaltiger Nudelsalat der etwas anderen Art.

Shanghai-Germteigtaschen mit Schweinefüllung

Dim Sum erleben in Wien gerade eine Hochblüte, und nachdem die kleinen, gedämpften Teigtaschen aus Südost-China bisher nur in einer Handvoll chinesischer Spezialitäten-Restaurants angeboten wurden, schießen die Lokale mit köstlichen, mehr oder weniger „handgefertigten" Dim Sum derzeit nur so aus dem Boden.

Aber was ist Dim Sum eigentlich? Es handelt sich dabei um kleine Happen, die zwischendurch beziehungsweise vormittags zum chinesischen Tee gereicht werden. Keineswegs handelt es sich dabei immer um gedämpfte Teigtaschen, es gibt auch Dim Sum ganz ohne Teig oder solche, die frittiert werden. Gemein ist ihnen, dass sie klein sind und zur Jause gegessen werden.

Hochburg für Dim Sum – die man korrekterweise ja eigentlich „Dim Sam" ausspricht, weltweit hat sich aber die englische Schreibweise eingebürgert – ist vor allem die Region Kanton, wo die Vielfalt an den in den Bambuskörben gedämpften und auch servierten Happen definitiv unendlich ist. Aber auch in Shanghai kennt man eine eigene Dim-Sum-Kultur, dort werden sie allerdings nicht aus dünnem, elastischem und transparentem Reisteig gemacht wie in der Kanton-Region, sondern aus molligerem Germteig. Außerdem schätzt man dort die Fülle sehr fett, „wir würden da zu diesem Rezept noch drei Löffel Schmalz dazugeben, man muss sehr vorsichtig abbeißen", sagt Simon, „die original Teigtaschen in Shanghai sind wahnsinnig fett und heiß".

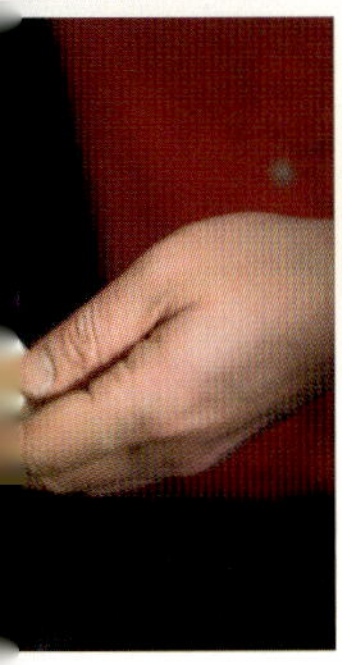

Zutaten für den Teig

250 g Mehl Typ 480 „griffig“
1 Würfel Germ
Milch

Für die Fülle

300 g Schweinsbacken
Karotte
Pilze nach Belieben
1 Frühlingszwiebel
Thymian
Zucker oder Honig
Reiswein
Sojasauce
Salz, Pfeffer

Für das Dämpfen und die Marinade

Lotos-, Bananen- oder Bambusblatt
weißer Reisessig
dunkler Reisessig
Sojasauce
Honig
eventuell Balsamico

Zubereitung

- Zuerst die Germ in einer lauwarmen Mischung aus Wasser und Milch (1:1) auflösen, mit dem Mehl vermischen und ein bisschen kneten. 40 bis 60 Minuten zugedeckt bei Raumtemperatur aufgehen lassen.
- Inzwischen die Fülle zubereiten: Das Schweinefleisch und das Gemüse sehr klein hacken und im Verhältnis 4:1 vermischen; mit Zucker oder Honig und Sojasauce würzen, Reiswein nach Bedarf, alles gut verrühren.
- Nachdem der Teig aufgegangen ist und ruhen konnte, diesen zu einer Wurst walken und kleine Stücke abschneiden, die dann in kleine Kreise gedrückt werden – drei Millimeter dick und etwa bierdeckelgroß.
- Mit einem Löffel die Fülle auf den Teigblättchen platzieren und um den Zeigefinger herum oben zusammendrücken, sodass oben ein Loch bleibt, damit das Innere leicht gegart wird.
- Die Bambuskörbchen mit einem Blatt auslegen und die Germteigtaschen daraufsetzen, ohne dass sie sich berühren. Entweder im Topf mit Dämpfeinsatz für 10 bis 15 Minuten dämpfen, im Dampfgarer brauchen die Germteigtaschen bei 100 °C etwa 10 bis 11 Minuten. Wenn man mehrere Bambuskörbchen übereinanderstellt, dauert es entsprechend länger.
- Die Füllung kann man statt mit Schweinsbacken auch mit fettem Entenfleisch, mit Bauchfleisch (ohne Schwarte) oder mit fettem Lammfleisch zubereiten, das Verhältnis zwischen Fleisch und Gemüse/Kräutern/Gewürzen sollte in etwa wie oben bei 4:1 bleiben. Die Marinade sollte erfrischend säuerlich sein. Die Sojasauce daher dezent einsetzen, da die Fülle schon perfekt gewürzt ist.

Vielseitig einsetzbar – beste Ergebnisse mit den Dampfgarern von Miele

Das Messer

Es ist erstaunlich, mit welch großen Messern chinesische Köche fein und klein schneiden können. Aber wenn man Simon fragt, ob denn das mit einem kleinen, kurzen, spitzen Messer nicht viel praktischer wäre, verneint er. Und meint, dass ein gewisses Gewicht notwendig sei, um den Rhythmus zu erzielen, um die Bewegung fließend auszuführen, um Harmonie in die Abläufe zu bekommen. Und außerdem gewöhne man sich einfach daran ...
Ganz China ist an die riesigen Messer gewöhnt, in ganz China wird mit Messern geschnitten, die etwa das Format eines Tablet-Computers haben, in ganz China schwört man darauf. Es gebe breitere und

schmälere, längere und kürzere, das ändere aber nichts an der Funktion, erklärt Simon, das habe eher mit der individuellen Schnitttechnik zu tun, also ob man eher aus der Schulter heraus oder aus dem Handgelenk schneide, und natürlich mit Körpergröße, Armlänge und Schulterbreite.

Und das ist durchaus wichtig, denn vor allem beim Kochen mit dem Wok geht es darum, einerseits rasch und andererseits rhythmisch zu arbeiten, das Messer wird dann auch gleich zur Schaufel, „das ist alles Gefühlssache, in China sagt man zum Braten mit dem Wok auch wirklich ‚Kochen in einem Atemzug'".

Grundsätzlich gibt es aber zwei verschiedene Messerarten, ein feineres, zarteres, mit dem Kräuter, Gemüse, Fisch oder Fleisch ohne Knochen geschnitten/gehackt werden, und ein massiver gebautes, schwereres, das dazu dient, Knochen zu durchtrennen, Fischköpfe abzuschlagen, Karkassen zu zerteilen und ganze Enten quer durch das Gerippe und ohne Rücksicht auf irgendwelche Anatomien in formschöne Stücke und mundgerechte Happen zu portionieren. Wenn man sich chinesische Messer kauft, sollte man die unterschiedliche Funktionalität dieser beiden Kategorien also unbedingt beachten – denn wenn man mit dem Hackbeil fein zu arbeiten versucht, wird einem bald die Hand abfallen, wenn man indes mit dem zarten Messer den Knochen malträtiert, wird man sich bald ein neues kaufen müssen.

Behandelt man die Beile indes sorgsam, schleift sie regelmäßig (idealerweise vor jeder Benützung!) am nassen Stein, halten sie ewig – und bekommen – da nie hundertprozentig rostfrei – auch eine wunderschöne Patina.

Wenn man sich erst einmal ein bisschen an den Umgang mit dem Schneid-Quader gewöhnt hat – angeblich dauert das gar nicht lange –, sieht das Stück Metall wohl sicher auch schon entsprechend zünftig aus. Sollten die Ressourcen übrigens irgendwann einmal knapper und Stahl zum raren Gut werden, dann müssten die Chinesen wohl umdenken und mit kleineren Messern zurechtkommen, sagt Simon.

Wobei: Die kleinen Messer gibt es schon, nur verwendet man sie ausschließlich dafür, um aus Kürbissen kunstvolle Phönix-Skulpturen zu schnitzen und Melonen kunstvoll zu zerteilen, „aber das verschwindet immer mehr, die Zeiten ändern sich".

Wenzhou liegt in Meeresnähe, frischer Fisch gehört somit zum Alltag: Kostspieliger Salzwasserfisch mit hohem Prestigewert wird bei festlichen Angelegenheiten und in den „Hai xian"-Lokalen bevorzugt, Süßwasserfisch ist eher in der häuslichen Küche zu finden, wird aber trotz zunehmenden Angebots importierter „Edelfische" sehr geschätzt. Und das änderte sich für Simon auch nicht, als er nach Österreich kam. Im Gegenteil, hier kreierte er seine ganz persönliche Fischküche, eine bunte Mischung aus der zarten, zurückhaltend gewürzten Wenzhou-Küche, aus der feurigen Kanton-Küche, aus Rezepturen der Region Sichuan und natürlich aus Shanghai, der Königin aller Fischküchen Chinas. Aber auch aus Japan, Thailand und in den Mittelmeerhäfen Südeuropas holte sich Simon Anregungen, ebenso wie bei den Fischern und Züchtern in Österreich. Einzige Regel: Es gibt keine Regeln. Jeder Fisch ist interessant, jeder Fisch hat seinen ganz individuellen Geschmack, seine spezielle Konsistenz. Die heimischen Süßwasserfische aus ihrem Weihnachtskarpfen-Schicksal zu befreien ist Simon jedenfalls ein großes Anliegen.

FISCH

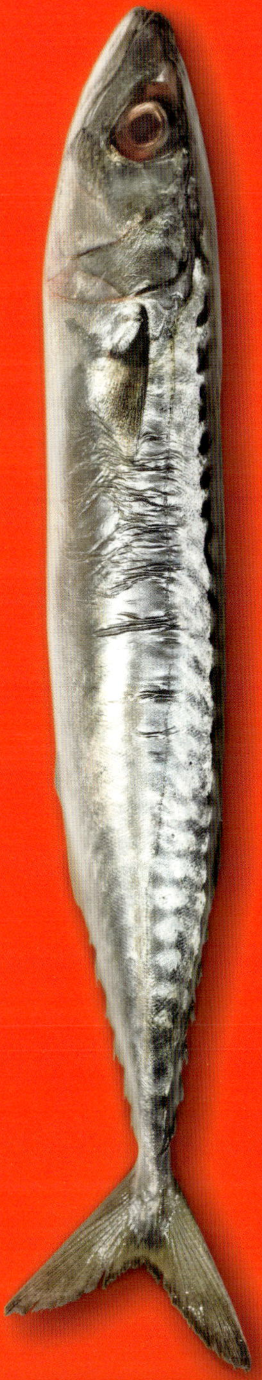

Drei Gerichte aus einem Karpfen

GESCHMORTER KARPFENKOPF
MIT GEHACKTEM SCHWEINEFLEISCH
UND TOFU

KARPFENSTEAK „ROT“
GEBRATEN UND GEDÜNSTET

SÜSSSAURES KARPFENFILET

Ein Fisch besteht nicht nur aus Filet. Und man muss nicht einmal die hohe Schule der japanischen Thunfisch-Zerlegung anwenden, um festzustellen, dass sich Geschmack, Konsistenz und Eigenschaften des Fleisches auch schon bei einem so handlichen Fisch wie dem Karpfen von Zentimeter zu Zentimeter unterscheiden. Verwendet man in Österreich gerade einmal Karkassen, um eine Fischsuppe oder einen Fond daraus zu kochen, und kommen die Innereien des Karpfens vielleicht ab und zu in eine Fischbeuschelsuppe, so ist die Vollverwertung des Fisches in China seit jeher Tradition und bis heute Selbstverständlichkeit. Das hat aber nicht nur mit Ressourcenknappheit zu tun, sondern genauso mit der Lust an der Variation, mit der Sitte, viele kleine Gerichte gleichzeitig zu servieren.
Ganz in diesem Sinne machen wir daher aus einem einzigen Karpfen drei völlig unterschiedliche Gerichte – die natürlich am meisten Spaß machen, wenn man sie gleichzeitig serviert, die aber auch für sich allein absolut überzeugend sind.
Der Karpfen zählt in China übrigens zu den beliebtesten Speisefischen überhaupt, er ist unkompliziert zu züchten, setzt ordentlich Fett an und schmeckt – wenn er richtig gehalten wird – fantastisch. Das Vorurteil, er würde „grundeln“ oder „letteln“, wie man in Österreich sagt, trifft für Karpfen aus biologischer und nachhaltiger Zucht, wie sie etwa in vielen Betrieben im Waldviertel oder im Gut Dornau praktiziert wird, nicht zu. Dort sorgen geringe Besatzdichte und artgerechte Fütterung dafür, dass das Wasser der Karpfenteiche nicht verschmutzt und die Fische somit delikat bleiben. Ein anderes Vorurteil besagt, dass der Karpfen viele Gräten hat, und noch dazu mühsame, kleine, an denen man sich leicht einmal verschluckt. Stimmt zwar, aber durch „Schröpfen“ – feines Einschneiden der Filets – zerteilt man sie, beim Garen verschwinden sie nahezu völlig und man kann sie problemlos mitessen. Die drei Gerichte können auch mit Wels gekocht werden, der allerdings nicht geschröpft werden muss.

Zutaten

1 Karpfen, ca. 2 kg, geschuppt
(ev. Spiegelkarpfen,
der hat kaum Schuppen)

Geschmorter Karpfenkopf mit gehacktem Schweinefleisch und Tofu

Ein wunderbares Gericht, das dem Karpfenkopf all seine Aromen entlockt und sie durch das lange Schmoren mit dem Schweinefleisch und den Gewürzen in die Sauce einbindet – die dann vom Tofu perfekt aufgenommen wird. Ein komplexes, intensives Gericht, das gut zeigt, wie man aus dem „neutralen" Tofu eine Geschmacksbombe machen kann.

Zutaten

100 g Schweinefleisch vom Schopf
gleiche Menge frischer Tofu
Ingwer
Knoblauch
Chili
Szechuanpfeffer
Sternanis
süßscharfe Paprikaflocken (aus Korea, erhältlich im Asia-Shop)
Reiswein
Sojasauce
Rapsöl
Salz, Pfeffer
Zucker

Zubereitung

- Den frischen Tofu in grobe Würfel schneiden, das Schweinefleisch (Schopf) fein hacken.
- Den Boden einer Pfanne mit Öl benetzen, Ingwer und Knoblauch, grob angedrückt, darin heiß anbraten.
- Kopf und Schwanz vom Karpfen dazugeben und anbraten, bis sich eine schöne, braune Kruste gebildet hat. Auf kleiner Flamme weiterrösten.

- In einem Wok einstweilen Öl heiß werden lassen, gehackten Ingwer und ganze Chilischote anrösten, Szechuanpfeffer, Sternanis, süßscharfe Paprikaflocken und das gehackte Schweinefleisch dazugeben, alles miteinander schön durchrösten, dann den Tofu beigeben und ordentlich durchschwenken.
- Karpfenkopf und -schwanz aus der Pfanne in den Wok geben, salzen, pfeffern, 1 El Braunzucker dazugeben und mit Reiswein ablöschen. Mit Wasser begießen, bis alles etwa zu zwei Drittel mit Flüssigkeit bedeckt ist. Dezent mit etwas Sojasauce würzen (nicht zu viel, nachwürzen kann man immer noch).
- Wok zum Sieden bringen, Hitze reduzieren und alles auf kleiner Flamme zugedeckt ca. 45 Minuten schmoren lassen. Dann noch einmal Hitze steigern und kontrolliert die Sauce stark einreduzieren, bis sie konzentriert und sämig ist, dann mit Sojasauce abschmecken.

Karpfensteak „rot“ gebraten und gedünstet

Geschmorter Karpfen in einer Sauce, die an Intensität nur schwer zu toppen ist, ein heißes, intensives Gericht, in dem der Karpfen seine Fähigkeit, intensive Aromen zu transportieren, perfekt ausspielt.

Zutaten

Karpfensteaks (zwei oder mehr)
Reiswein
Sojasauce
Ingwer
1 Jungzwiebel
Mischung aus weißem, schwarzem und grünem Pfeffer
Koriandersamen (grob gemörsert)
Knoblauchzehe, angedrückt
brauner Zucker (im Idealfall: brauner chinesischer Zucker)
koreanische Paprikapaste (im Asia-Shop erhältlich)
Reiswein
Salz

Zubereitung

- Die Fischsteaks in einen tiefen Teller legen und mit Reiswein und Sojasauce (je 1 EL) ein paar Minuten marinieren.
- Den Ingwer in feine Stifte schneiden, das Grün der Jungzwiebel grob hacken.
- Etwas Öl in den Wok geben, sehr heiß werden lassen, die Steaks an der Haut sehr heiß anbraten, sodass die Haut eine schöne Kruste bildet, „das gibt den Geschmack“.
- Zwiebelgrün und Ingwer dazugeben, Gewürzmischung aus schwarzem, weißem und grünem Pfeffer sowie die grob gemörserten Koriandersamen und die angequetschte Knoblauchzehe dazu, den Reiswein ringförmig eingießen (um die Hitze im Wok nicht punktuell zu reduzieren, siehe „Der Wok“ Seite 47). Etwa zwei Drittel eines Esslöffels brauner Zucker hinzugeben und salzen.
- Gut vermischen und mit Wasser aufgießen, bis Steaks und Aromaten etwa zur Hälfte bedeckt sind, mit Sojasauce dezent würzen und zum Sieden bringen. Nun einen Kaffeelöffel der koreanischen Paprikapaste beigeben – Achtung, die ist sehr intensiv – und gut durchrühren, damit sie sich in der Sauce auflöst, mit den Gewürzen verbindet und dem Ganzen Farbe gibt. Eine halbe Stunde bei kleiner bis mittlerer Hitze zugedeckt schmoren lassen, dabei saugen die Steaks alle reichlich vorhandenen Aromen der Sauce auf.

3. GERICHT

Süßsaures Karpfenfilet

Süßsauer muss nicht heißen, dass es so schmeckt wie im Chinarestaurant um die Ecke. Hier sorgen die Säure des Essigs und die Frische der aromatischen Gewürze zusammen mit der Süße des Zuckers für eine wunderbare Balance, die sich gerade mit dem üppigen Geschmack des Karpfenfleisches ausgezeichnet verträgt. „Das Zitronige ist wichtig, es nimmt dem doch recht fetten Fisch seine Geilheit."
Beim Filet ist es ratsam, es zu „schröpfen", also mit einem scharfen Messer im Abstand von etwa einem halben Zentimeter einzuschneiden, um die tückischen Gräten in Form eines Ypsilons unschädlich zu machen. So verliert der Karpfen nicht nur seinen Schrecken, sondern kann auch umso besser die Sauce aufnehmen.

Zutaten

Karpfenfilets
(zwei oder mehr)
rescher Weißwein
Sojasauce
brauner Zucker
Ingwer
Kaffirlimonenblätter
Zitronengras
Süßkartoffelmehl
Rapsöl
Reisessig
Paprika (grün, rot, gelb, je nach Geschmack und Angebot)
Chinakohl
Salz, Pfeffer

Zubereitung

- Die großen Gräten mit der Pinzette entfernen, das Filet „schröpfen", also auf die Hautseite legen und in fingerbreitem Abstand parallel einschneiden. Dann in Salz, Pfeffer, Wein (in China besonders beliebt, um dem Fisch geschmackliche Frische zu verleihen), Sojasauce, etwas braunem Zucker marinieren.
- Ingwer in feine Scheiben schneiden, vom Zitronengras Kopf und Ende wegschneiden, äußere Schicht abschälen, in grobe Stücke schneiden.
- Filets mit ein bisschen Süßkartoffelmehl innen und außen bestäuben, in Öl frittieren, bis die Haut der Filets goldgelb und knusprig wird. Herausnehmen, abtupfen, warm halten.
- Für die Sauce Öl in der Pfanne heiß werden lassen, Ingwer, Zitronengras und Kaffirlimonenblätter dazu, schwenken und kurz anrösten lassen und mit 1 El Zucker karamellisieren. „Knackiges Gemüse" beigeben, also Paprika, Chinakohl oder was man sonst zur Verfügung hat. Im Öl sehr heiß anbraten, salzen, pfeffern, zwei Esslöffel Reisessig und einen halben Löffel Sojasauce dazugeben und vorsichtig rühren, damit die Sauce nicht anbrennt und eher sirupartig wird.
- Die Filets in die Sauce geben und durchschwenken.

Zwei Gerichte aus einer Goldbrasse

WENZHOU-FISCHNOCKERLN „YÜ-WUAN“ („FISCHKNÖDEL“)

TATAR VON DER GOLDBRASSE

Die Goldbrasse oder Dorade kommt in der chinesischen Küstenregion eigentlich nicht vor, aber erstens ist dieser köstliche, festfleischige Fisch in Österreich überall und auch in guter Qualität leicht erhältlich, und zweitens hat die Goldbrasse durchaus eine gewisse Ähnlichkeit mit der Gelben Brasse, die in Chinas Küstenregion extrem populär ist – so populär freilich, dass die Bestände schon in den 70er-Jahren quasi leergefischt wurden.

Die Goldbrasse ist ein extrem vielseitiger Fisch, was nicht zuletzt die beiden folgenden Rezepte beweisen, bei denen aus den beiden Filets der Brasse zwei völlig unterschiedliche Gerichte zubereitet werden – einmal traditionell chinesisch und einmal ein bisschen japanisch inspiriert.

Wenn man sich's etwas einfacher machen will, kann man sich natürlich schon fertig zugeschnittene Filets der Goldbrasse kaufen, wer jedoch die Herausforderung liebt und ein scharfes, schmales Filetiermesser besitzt, kann sich natürlich auch selbst an die Zerlegung machen (die verbleibenden Gräten mit einer Pinzette herausziehen nicht vergessen!). Als Kompromiss wäre wohl zu empfehlen, sich den Fisch vom Fischhändler des Vertrauens frisch filetieren zu lassen.

2. GERICHT

Tatar von der Goldbrasse

Fisch roh zu essen ist in China an und für sich völlig unüblich, das hat sich aber gerade in den letzten Jahren durch den Einfluss der japanischen Küche ein wenig verändert. Was man in der traditionellen Küche dafür sehr wohl macht, ist, den rohen Fisch fermentieren oder vergären zu lassen, „das kommt in Europa aber überhaupt nicht gut an", sagt Simon. Dieses Rezept ist ein ganz klein bisschen ein Mittelding aus beidem, da es – ähnlich wie beim Fischsalat „Ceviche" aus Peru – durch die Säure der Limette zu einer Art „kalten Garung" kommt, je länger man den rohen Fisch mariniert, desto mehr wird er gegart.

Zutaten

Doraden-Filet
1 Limette
frische Chilischote
Mirin
Honig (oder Trüffelhonig)
Salz, Pfeffer
1 Frühlingszwiebel
Balsamico
Sojasauce
grüner Salat nach Belieben, je kräftiger im Aroma, desto besser (Wildkräuter, Mesclun)

Zubereitung

- Das Filet mit einem scharfen Messer enthäuten und schräg in feine, schmale Streifen schneiden, ein bisschen salzen und pfeffern und mit dem Saft einer halben Limette einbeizen.
- Die Chilischote entkernen und in ganz feine Streifen schneiden.
- Eine Marinade aus Mirin, etwas Honig (Trüffelhonig), dem Saft der zweiten Limettenhälfte, den Chilistreifen und fein gehacktem Grün der Frühlingszwiebel rühren und mit ein paar Tropfen Balsamico und Sojasauce vermischen.
- Salatbett bilden, Tatar aus der Beize nehmen, mit der Marinade vermischen und auf den Salat legen.

Ji-Yü-Eintopf

Man muss schon ein sehr leidenschaftlicher Angler sein, um den Fisch, der im Deutschen „Silberkarausche" oder „Giebel" heißt, zu kennen. In China ist das anders, da zählt der Ji Yü (Yü heißt „Fisch") zu den sehr beliebten Speisefischen, und zwar vor allem in gedünsteter und geschmorter Variante. Und genau diese Beliebtheit bei den Chinesen ist es, die den Ji-Fisch auch bei uns wieder häufiger auf den Märkten erhältlich macht, „immer, wenn Asiaten an einem Fischstand vorbeigehen, rufen die Händler Ji-Yü, Ji-Yü". Der kleine Verwandte des Karpfens ist in ganz Mitteleuropa heimisch und breitet sich dank seiner geringen Ansprüche auch recht rasch aus. Die Exemplare, die man derzeit in Österreich bekommt, stammen zumeist aus Teichen in Ungarn, in Österreich selbst wird die Silberkarausche im kleinen Rahmen im Burgenland gefangen.

Zutaten

Silberkarauschen/ Giebel/Ji-Yü
Schalotten, geschält, grob geschnitten
etwas Ingwer, in schmalen Scheiben
etwas weißer Rettich, in Scheiben
Stangensellerie
Sake oder Weißwein zum Ablöschen
Pfeffer

Für die Würzung

Korianderwurzel
Goji-Beeren
getrocknete Pilze
eingesalzene Bambussprossen
(alles im Asia-Shop erhältlich)
2 Scheiben Jamón Ibérico

Zubereitung

- Fische in Olivenöl auf beiden Seiten kurz anbraten, Schalotten, Ingwerscheiben, weißen Rettich, Stangensellerie in harmonischem Verhältnis zugeben und mitbraten, Korianderwurzel, Goji-Beeren (Simon: „Nicht zu viel, sonst wird es zu geil") ebenfalls zugeben und mitbraten. Pfeffern.
- Mit Sake ablöschen (man kann auch Weißwein nehmen), ein bis zwei getrocknete Pilze zugeben („Sind in einer Suppe immer gut"), eingesalzene Bambussprossen waschen und dazugeben, 2– 3 Scheiben Jamón Ibérico ebenso.
- Gut vermischen, 35 Minuten offen köcheln lassen, die Suppe wird mit der Zeit „milchig", in China ein Indiz dafür, dass es sich um ein sehr nahrhaftes Gericht handelt. Fisch gemeinsam mit Aromaten und Würzungen servieren, vorsichtig genießen, der Ji-Fisch hat viele Gräten.

Die Silberkarausche verfügt über keinen besonderen Eigengeschmack, dieser unkompliziert herzustellende Fischeintopf erhält sein Aroma daher durch die gebratenen Aromaten (Zwiebel, Ingwer, Rettich, Sellerie), vor allem aber durch die Goji-Beeren, eingelegte Beeren des Bocksdorn-Busches, die nicht nur in der chinesischen Medizin als wahres Wundermittel gelten, sondern vor allem auch mit ihrer Säure und ihrem mandeligen Aroma sehr zur Würzung eines Gerichts beitragen. Daher zuerst eine Beere kosten, ihren Geschmack kennen lernen und danach sparsam verwenden.
Eine weitere, sehr interessante Zutat sind die eingesalzenen Bambussprossen, eine Spezialität der Stadt Hangzhou, die dort ähnlich wie schwarze Oliven verwendet werden und vor dem Gebrauch unbedingt gewaschen werden sollten, sonst sind sie zu salzig. Um dem Ganzen dann noch seine spezielle „Umami"-Note zu verleihen, würzt Simon hier außerdem mit zwei Scheibchen des intensiven, nussigen Jamón Ibérico, des berühmten Schinkens der schwarzen Ibérico-Schweine aus Andalusien. Das klingt jetzt exotischer, als es ist, denn Schinken sei durchaus auch in der Küstenregion Chinas bekannt und werde dort auch in Eintöpfen verkocht, erklärt Simon, „sehr gut ist dieser Schinken aber nicht".
Ji-Yü sind recht klein, sehr viel ist an dem Fisch nicht dran. Dieses Gericht wird im Rahmen mehrerer kleiner Speisen serviert, je nach Größe der Runde nimmt man ein oder zwei Fische.

Gegrillte Makrelen mit Kräutern und Chiliflocken

Das Grillen, vor allem von Fisch, ist nicht unbedingt die gebräuchlichste Zubereitungsart in China, erfreut sich aber vor allem in der südchinesischen Kanton-Küche sowie bei der mongolischen Küche sehr großer Beliebtheit. Dort sind es vor allem Spieße, die man über der Glut röstet, aber auch das Spanferkel kommt auf den Grill. In den großen Hafenstädten Kantons – etwa Hongkong und Macao –, aber auch in Shanghai waren europäische kulinarische Einflüsse aber nicht nur unvermeidbar, sondern prägten die lokale Küchentradition sogar sehr stark, gegrillter Fisch zählt hier somit durchaus zum gastronomischen Straßenbild. In Simons Heimat, der südostchinesischen Küstenregion, wird Makrele durchaus gerne gegessen, allerdings meistens stark gesalzen, in Steaks geschnitten und frittiert – ein beliebter Frühstückssnack. Simon hat sich für dieses Gericht aber eher von den einfachen Fischer-Küchen der Mittelmeerhäfen inspirieren lassen und ihm eine chinesische Note gegeben, die dem gegrillten Fisch in seiner köstlichen Schlichtheit noch ein kleines bisschen Charme verleiht. In der ChinaBar wird dieses Rezept mit Sardinen zubereitet und war vom ersten Tag an ein großer Erfolg, die – oft unterschätzte – Makrele ist aber etwas leichter zu braten und hat auch ein wenig mehr Fleisch an den Gräten, außerdem nimmt ihr saftiges Fleisch die Aromen der Kräuter und des Ingwers genauso dankbar auf.

Zutaten

Makrelen im Ganzen, ausgenommen (man kann im Rahmen einer großen Tafel problemlos gemeinsam von einer Makrele essen, das Fleisch löst sich sehr leicht von den Gräten)
Salz, Pfeffer
gehackter Ingwer
Lauch
Kräuter (Koriandergrün, Petersilie, Dille, Thai-Basilikum ... ganz nach Belieben und Verfügbarkeit)
Rapsöl
Reiswein
Chiliflocken
Sojasauce
Reisessig

Zubereitung

- Die Makrele(n) salzen und pfeffern und in einer Mischung aus Ingwer, klein geschnittenem Lauch, Kräutern und einem Schuss Reiswein etwa eine Stunde zugedeckt im Kühlschrank marinieren.
- Zum Braten dann alle Kräuter und Gewürze in den Bauch der Makrele stopfen, in einer großen, beschichteten Pfanne Rapsöl heiß werden lassen und den Fisch vorsichtig einlegen. Bei mittlerer Hitze auf beiden Seiten braten, immer ein bisschen bewegen, damit er sich nicht anlegt, beim Umdrehen besonders vorsichtig sein.
- Nach wenigen Minuten (wenn die Makrele in der Mitte noch etwas glasig ist, macht das gar nichts, erschwert allerdings das Essen ein bisschen) aus der Pfanne nehmen, mit etwas Sojasauce und Reisessig marinieren, die Chiliflocken nach Belieben auf dem Fisch verteilen.

Vietnamesische Frühlingsrollen vom Räucheraal

Die transparenten Reisteigrollen mit frischer Füllung wurden in den vergangenen Jahren in Wien extrem populär – leicht zu essen und dank der frischen Kräuter, der knackigen Sprossen und der Füllung etwa durch nur kurz blanchierte Garnelen extrafrisch, sind sie drauf und dran, sogar Sushi von seinem Thron zu stürzen.

Vor allem in der südchinesischen Kanton-Küche, die ja ein Schmelztiegel aller benachbarten Küchen ist und gerade für alle Formen von Imbiss und Snack besonders offen, sind diese vietnamesischen Reisrollen namens Cuon oder Nem sehr beliebt. Normalerweise werden sie – außer mit Reisnudeln, Salat, Kräutern und Sprossen – mit Shrimps, mit Schweinefleisch, Ente, Tofu oder Pilzen gefüllt, der Fantasie sind da aber eigentlich keine Grenzen gesetzt. Und so füllt sie Simon mit Räucheraal, was der knackigen Frische dieses Gerichts einen wunderbar rauchigen, cremigen Kontrast verpasst.

Die hier vorgestellte Sauce passt in ihrer exotischen Frische perfekt zu den Räucheraal-Rollen, ist in ihrer Herstellung allerdings ein wenig aufwendig. Vorteil: Die Basis der Sauce, der Kombu-Fond (eigentlich ein Tee), hält sich im Kühlschrank mehrere Tage und kann auch als Basis für Miso-Suppen und diverse Saucen verwendet werden. Simon hat einen Topf dieses Fonds immer neben dem Herd stehen.

Zutaten

Räucheraal (ein etwa mittelfingerlanges Stück für 4 Rollen)
vietnamesische Reisteigblätter für Rollen
Glasnudeln
Enoki-Pilze
Thai-Basilikum
Minze
Koriandergrün
1 Frühlingszwiebel
frische Chilischote
eventuell Nori-Algen

Für die Sauce

japanische Kombu-Algen
heller Reiswein
dunkler Reiswein
Bonito-Flocken
japanische Zitronenmarmelade (Bezeichnung „Citron Tea")
Knoblauch
Ingwer
Limettensaft
Balsamico
Sojasauce

Zubereitung

- Den Räucheraal vorsichtig von seiner Haut befreien, die Filets von der Gräte lösen und der Länge nach halbieren, sodass man etwa vier ungefähr gleich große Fischstreifen hat.
- Eine Handvoll Glasnudeln kurz aufkochen, abgießen und in kaltes Wasser legen, auf diese Art bekommen sie einen feinen Biss.

- Für die Saucenbasis einen Liter Wasser aufsetzen, 8 bis 9 Stück Kombu-Algen hineingeben und etwa eine Stunde köcheln lassen, dabei aufpassen, dass der „Tee" nie groß aufkocht. Am Schluss einen Schuss hellen Reiswein dazugeben und einen gestrichenen Esslöffel Bonito-Flocken. Abseihen und abkühlen lassen.
- Für die Sauce $^1/_{16}$ Liter Fond mit einem Esslöffel japanischer Zitronenmarmelade, ein bisschen sehr fein gehacktem Ingwer und Knoblauch, etwas Limettensaft, einem Kaffeelöffelchen Balsamico, ein paar Tropfen Sojasauce und etwas dunklem Reiswein mischen und verrühren.

- Für die Rollen Chilischoten entkernen und die Chilis in möglichst feine Streifen schneiden. Auch das Grün der Frühlingszwiebel längs in feine Streifen von zumindest 5 cm Länge schneiden.
- Die Reisteigblätter anfeuchten, auflegen und in der Mitte einen Streifen aus Glasnudeln, Enoki-Pilzen, Chilistreifen, Zwiebelstreifen auflegen, darauf den Aalstreifen legen und auf diesen die Kräuter und die Nori-Algen.
- Vorsichtig, aber mit Zug einrollen, ohne den Teig zu zerreißen. Simon: „Wir machen sie immer mit offenen Enden, da passt mehr Fülle hinein und man beißt nicht auf so viel Teig." Ein bisschen schwieriger zu essen sind sie so allerdings, daher können Europäer nach dieser Übung auch mit Stäbchen Erbsen zählen.

100g €

Simons Fisch-Quelle: Frischeparadies

Es ist noch gar nicht so lange her, da war in Österreich sogar die Forelle etwas Besonderes. Und da gab es den Saibling nur in Altaussee, von der Reinanke wusste man nur am Atter-, Fuschl- und Hallstätter See, und den Karpfen, den aß man halt zu Weihnachten. Der Rest war Tiefkühl-Scholle und panierter Kabeljau, jeden Freitag.
Die Situation hat sich geändert. Die Österreicher lieben Fisch mittlerweile nicht nur, sie haben auch die Gelegenheit, ihn zu genießen.
Auf Märkten bekommt man fast alles, was Flossen hat, die heimischen Züchter haben ein Niveau erreicht, das sich international nicht mehr zu verstecken braucht, und sogar im Supermarkt erhält man Fisch, wie er vor zwanzig Jahren in Top-Restaurants selten war.
Und es gibt das Frischeparadies. Die Umgebung könnte wohl malerischer sein – das Gewerbegebiet in Altmannsdorf, in Nachbarschaft eines Supermarktes und eines Jagdwaffen-Vertreibers –, betritt man die Fischhalle aber erst einmal, ist man in einer anderen Welt. In einer Welt, wie man sie aus Triest, aus London, aus Barcelona kennt, aus Städten, wo dieser ganz spezielle Zauber der Fischmärkte zu Hause ist. Frischeparadies ist ein junges und dynamisches Unternehmen, gehört zu einem deutschen Nahrungsmittelkonzern, hat in Deutschland acht Standorte und seit 2008 den einzigen außerhalb Deutschlands in Wien. 4000 Produkte sind gelistet, von allem das Beste, 250 davon frisch, Süß- und Salzwasserfisch sind neben französischem Edelgeflügel und Fleisch prominentester Herkünfte das prestigeträchtigste Sortiment. In Deutschland sei man längst Marktführer, sagt Marian Link nicht ohne Stolz, in Österreich arbeite man sich langsam vorwärts.
Man weiß gar nicht, wo man hinsehen soll. Die Fische, die hier auf Eis gebettet auf einer langen Theke präsentiert werden, könnten schöner nicht sein, ihr Schuppenkleid schillert in allen Farben, große, kleine, dicke, dünne, lange, kurze, alles da. Die Süßwasserfische stammen vom Gut Dornau, einem der besten und nachhaltigsten Fischzuchtbetriebe Mitteleuropas im Süden von Wien, Karpfen, Forellen, Saiblinge, aber auch solche Raritäten wie riesige Störe und der rare, köstliche Huchen werden lebendig angeliefert und schwimmen im Frischeparadies in Aquarien. Und auch aus dem Meer holt man nur das Beste, QSFP nennt sich die Top-Linie des Sortiments, „Qualité Supérieure pour Frischeparadies", mit kleinen Booten gefangen, streng selektioniert, rasend schnell transportiert und garantiert höchstens 48 Stunden alt, wenn man es kauft. Der Trend, so erfährt man, ziele auf diese Top-Qualität, „normale Ware" sei nicht mehr gefragt.
Simon hat einen speziellen Ruf bei den Frischeparadies-Leuten, „er nimmt andere Sachen als die übrigen asiatischen Restaurants", der „Herr ON" sei bekannt dafür, bei den Süßwasserfischen gern die Besonderheiten zu nehmen, „und das Geflügel mit Kopf und Innereien".

Tofu geht immer, Tofu kann alles. Und Tofu muss vor allem kein Ersatz für Fleisch sein, er hat einen eigenen Charakter und er ist so vielseitig einsetzbar wie sonst fast kein anderes Nahrungsmittel. Sei es in seiner Rolle als kühlendes, erfrischendes Zwischengericht, sei es als Träger feuriger Saucen und fulminanter Gewürzmischungen, sei es mit Fleisch, mit Fisch, mit Innereien, mit Gemüse oder einfach nur für sich, mit einer Marinade, die ihn zum Leben erweckt. Der Erfindungsreichtum der Chinesen hinsichtlich ihrer Tofu-Kreationen und Tofu-Variationen scheint schier endlos: Tofu als Vorspeise oder als Hauptgericht, als Snack zwischendurch, als Eintopf, als Suppeneinlage, zubereitet nach allen nur denkbaren Garmethoden, Tofu geräuchert, Tofu mit fünf chinesischen Gewürzen mariniert, Tofu schaumig frittiert, Tofu-Haut bis hin zu vergorenem Tofu, der dann übrigens alles andere als neutral schmeckt …

TOFU

Mapo-Tofu vegetarisch

Mapo-Tofu ist ein sehr typisches Gericht der Sichuan-Küche, das typischste vielleicht: Es ist fett und es ist scharf, sehr scharf. „Wer nichts Scharfes mag, sollte vielleicht besser ein anderes Tofu-Gericht kochen“, sagt Simon, „weil Sichuan-Küche ohne die Schärfe, das hat überhaupt keinen Sinn.“ Die Schärfe steht – zumindest nach einer der vielen Deutungsmethoden – auch schon im Namen; „Ma-la“ bedeutet im Chinesischen so viel wie „betäubende Schärfe“, und mit dieser ganz speziellen Empfindung kann man beim Mapo-Tofu mit seinem hohen Anteil an Szechuanpfeffer schon rechnen.
Bei diesem Gewürz handelt es sich nicht wirklich um ein Gewächs der Pfefferfamilie, sondern um die getrockneten Samenkapseln eines Zitrusstrauches, der in der Sichuan-Region besonders gut gedeiht. Für dieses ganz besondere Szechuanpfeffer-Schärfegefühl – prickelnd, mit leicht metallischem Geschmack, man bezeichnet das Aroma in China mitunter auch als „elektrisch“, weil es tatsächlich an das Gefühl erinnert, wenn man mit der Zunge eine Batterie prüft – sind so genannte Amide verantwortlich, Ammoniak-Verbindungen.
Im Originalrezept wird der Tofu mit Schweinefleisch vermischt („In Sichuan schwimmt dieses Gericht in rotem Öl“), hier wird eine vegetarische Variante vorgestellt, die aber um nichts weniger reichhaltig und feurig ist.

Zutaten

1 Block frischer Tofu
junges Kraut (etwa gleiche Menge wie Tofu)
Karotte
Shiitake-Pilze
Schalotten
Ingwer
Knoblauch
3–4 getrocknete Chili
2 Sternanis
fermentierte Bohnen
Szechuanpfeffer
koreanische Chiliflocken
Rapsöl
Reiswein
Gemüsefond (falls vorhanden)
Sojasauce
Salz, Pfeffer, Zucker

Zubereitung

- Das junge Kraut in etwa ein Zentimeter große Quadrate schneiden, ein bisschen Karotte und Shiitake-Pilz fein hacken.
- Öl im Wok heiß werden lassen, Schalotten fein hacken, Knoblauch und Ingwer ebenso, und zusammen mit den getrockneten Chilischoten, dem Sternanis, einem Esslöffel fermentierter Bohnen und ein bisschen Szechuanpfeffer im Wok anrösten.
- Den in Würfel geschnittenen Tofu sowie den gehackten Gemüse-Mix dazugeben und reichlich schwenken. Salzen, pfeffern und eine Prise Zucker als Kontrast zur Weinsäure hinzufügen, dann mit 1/16 Liter Reiswein aufgießen, mit Wasser oder Fond aufgießen, bis der Tofu bedeckt ist. Nun noch etwas Sojasauce und die koreanischen Chiliflocken beigeben. Vorsicht, nicht übertreiben, es wird wirklich scharf.
- Nun brodelnd kochen/schmoren, bis sich die Flüssigkeit fast zur Gänze einreduziert hat, bei Bedarf mit Sojasauce abschmecken. Dann ein- bis zweimal schwenken und heiß servieren.

Räuchertofu mariniert

Eine der schnellsten und einfachsten Methoden, aus wunderbarem Räuchertofu – es gibt ihn mittlerweile in zahlreichen „Geschmacksvariationen“, von pur bis mit Gewürzen mariniert, überall zu kaufen – ein wunderbares, kleines Gericht zu machen.

Zutaten

Räuchertofu
Salz, Pfeffer
getrocknete Chilischote
grüner Koriander
schwarzer Sesam
Mirin
Balsamico
dunkles Sesamöl
Sojasauce

Zubereitung

- Den Tofu in dünne Scheiben oder Schuppen schneiden.
- Mit Mirin, Balsamico und Sesamöl eine Marinade rühren, die getrocknete Chilischote zerhacken oder zerbröseln und in die Marinade geben. Mit ein paar Tropfen Sojasauce würzen.
- Den Tofu salzen und pfeffern, mit Korianderblättern vermischen, auf einen Teller setzen und mit der Marinade übergießen. Mit schwarzen Sesamkörnern würzen/dekorieren.

Man kann dieses Gericht nach Lust und Laune variieren, etwa mit Jungzwiebeln, mit hauchdünn geschnittenen frischen Pilzen oder gebratenen aromatischen Pilzen oder allem zusammen.

Räuchertofu mit Schlangenbohnen

Wenn man Tofu nur als „Fleischersatz“ behandelt, tut man diesem interessanten und vielseitigen Produkt sicher Unrecht. Tatsächlich hat aber gerade geräucherter Tofu nicht nur eine Konsistenz, die Fleisch recht ähnlich ist, sondern erinnert durch seinen rauchig-würzigen Geschmack natürlich an alles, was der Fleischermeister normalerweise in seinen Räucherofen hängt. Aber sagen wir so: Räuchertofu schmeckt wirklich gut genug, um für sich selbst wahrgenommen zu werden, und bei diesem Gericht ist er keineswegs Ersatz für irgendetwas, sondern zweifellos die Idealbesetzung.

Auch unter geräucherten Tofus gibt es mittlerweile ein recht breites Angebot, neben den „puren“ Räuchertofus haben sich vor allem jene, die auch noch mit den „fünf chinesischen Gewürzen“ mariniert werden, einigermaßen durchgesetzt. Bei diesen fünf Gewürzen handelt es sich um Sternanis, Szechuanpfeffer, Kassie-Rinde (chinesischer Zimt), Fenchelsamen und Gewürznelke – eine Mischung, die auf den ersten Blick etwas „weihnachtlich“ wirkt, tatsächlich aber bei jeder der vielen verschiedenen Möglichkeiten ihrer Verwendung eine unglaubliche Aromen-Power freisetzt.

Schlangen- oder Spargelbohnen zählen in Südost-Asien und Afrika zu den populärsten Gemüsen überhaupt, in Europa sind die langen Schoten dieser bekömmlichen und wohlschmeckenden Bohnen-Art – quasi Fisolen X-large – zwar vergleichsweise unbekannt, in fast allen Asia-Shops aber das ganze Jahr über zu bekommen.

Zutaten

2 Stück Rächertofu oder marinierter „fünf chinesische Gewürze-Tofu“
Schlangenbohnen (etwa so viel wie Tofu)
Rapsöl
1 Knoblauchzehe
Sojasauce
Reiswein
gemischte aromatische asiatische Pilze (Shiitake, Edelausternpilze)
Salz, Pfeffer
Zucker

Zubereitung

- Den Räuchertofu in etwa ein Zentimeter breite Streifen schneiden. Die Schlangenbohnen in die gleiche Länge wie die Tofu-Streifen schneiden und in Salzwasser vier Minuten blanchieren, bis sie eine strahlend dunkelgrüne Farbe angenommen haben. Bei Schlangenbohnen muss man ein bisschen aufpassen, sie nicht zu lange zu kochen, sie sind recht schnell gar und verlieren bei zu langer Garung rasch Aroma und Biss.
- Die Bohnen aus dem Wasser nehmen. Wok erhitzen und etwa einen Esslöffel Rapsöl hineingeben und heiß werden lassen. Die Knoblauchzehe in feine Scheiben schneiden und im heißen Öl anrösten, die Bohnen dazugeben, immer rühren oder schwenken, dann den Tofu und die Pilze dazugeben, alles gemeinsam rösten. Salzen, pfeffern, eine Prise Zucker beigeben und einen Schuss Reiswein. Am Schluss mit etwas Sojasauce würzen. Beim Genuss darauf achten, möglichst immer Bohnen, Tofu und Pilze miteinander zu essen, nur so schmeckt man, wie die drei perfekt zueinanderpassen.

Tofu mit fermentierten Bohnen

Jede Küche hat so ihre Tricks, um den Geschmack ein bisschen zu intensivieren. Salz ist da wohl die älteste und gebräuchlichste aller Zutaten, die das kann, in Italien weiß man sich mit geriebenem Parmesan zu helfen, in Japan und den südostasiatischen Küchen stehen dafür getrocknete Pilze, Miso-Paste, getrocknete, fermentierte, gesalzene und eingelegte Fischchen, gesalzene Gemüse und vor allem Sojasauce zur Verfügung. All diesen Produkten ist ein hoher Anteil an natürlichen Glutamaten gemein, es sind – im Gegensatz zum Natriumglutamat, dem Salz der Glutaminsäure, das seit den 20er-Jahren synthetisch hergestellt wird – natürliche Geschmacksverstärker. Die Chinesen erreichen diesen Effekt unter anderem mit fermentierten Schwarzbohnen, das sind in Salz und Ingwer eingelegte und darin fermentierte Sojabohnen, die – außer salzig-würzig – keinen speziellen Eigengeschmack besitzen, jedem Gericht, in dem sie verwendet werden, aber aromatisch ordentlich Gas geben. Tofu ist in seiner aromatischen Neutralität für so eine Zutat und eine durch die feurige Sichuan-Küche inspirierte Sauce natürlich besonders dankbar.

Zutaten

1 Stück frischer Tofu
Rapsöl
Pfefferoni

Für die Sauce

Olivenöl
Reiswein
Sojasauce
1–2 frische Chilischoten
1–2 getrocknete Chilischoten
Ingwer
Knoblauch
fermentierte Schwarzbohnen
Schalotte
Salz, Pfeffer

Zubereitung

- Für die Sauce alle Zutaten fein hacken: die frischen Chili für die fruchtige Schärfe, die getrockneten für die holzigen, hintergründigen Tee-Noten, etwas Ingwer, etwas Knoblauch, eine kleine Schalotte und einen halben Esslöffel fermentierte Schwarzbohnen.
- Olivenöl in einer Pfanne erhitzen und die gehackten Zutaten dazugeben, so lange zart anrösten, bis sich die Aromen entfalten, dann salzen, pfeffern und mit Reiswein ablöschen. Noch etwas Wasser dazugeben und mit Sojasauce abschmecken. Diese einfach herzustellende Sauce ist nicht nur für den gebratenen Tofu zu verwenden, sondern auch für jedes Gemüse aus dem Wok, dem für sich alleine vielleicht ein wenig das aromatische Rückgrat fehlt.
- Den Tofu in – je nach Format – vier bis fünf gleichmäßig etwa zentimeterdicke Scheiben schneiden. Rapsöl nicht zu sparsam in eine Pfanne geben und stark erhitzen. Den Tofu hineingeben und scharf anbraten, bis sich eine appetitliche, goldbraune Kruste bildet. Dann wenden und zu diesem Zeitpunkt einen oder mehrere Pfefferoni dazugeben. Den Tofu auf der zweiten Seite fertig braten, und in dieser Zeit den Pfefferoni auf allen Seiten braten, bis er ganz weich ist, beides ist in etwa gleichzeitig fertig.
- Herausnehmen und mit Küchenkrepp etwas abtupfen, die Sauce mit einem Löffelchen über den knusprig gebratenen Tofu-Scheiben verteilen.

Tofu mit Sardellensauce und weißem Pak Choi

Ein köstliches und leichtes Gericht, wie es an einem schwülen Sommerabend besser und erfrischender nicht sein könnte – beziehungsweise sehr dazu geeignet, im Rahmen eines umfangreichen chinesischen Menüs mit vielleicht bis zu zwölf Gerichten am Tisch den Gaumen zu beruhigen, den Magen zu erfrischen. Pak Choi, im Deutschen auch „Senfkohl" genannt, ist ein Verwandter des Chinakohls und in seinem Anwendungsspektrum eines der vielseitigsten Gemüse überhaupt. Man kann ihn roh in den Salat mischen, wie Spinat oder Mangold blanchieren, aufgrund seiner saftigen Stängel macht er aber auch im Wok eine extragute Figur. Nachdem Pak Choi mittlerweile auch schon in Europa mit Erfolg angebaut wird, ist er am Markt und sogar im Supermarkt schon sehr leicht zu bekommen. Asia-Läden haben da natürlich immer eine etwas größere Auswahl, den bei diesem Gericht vorteilhaften „weißen" Pak Choi bekommt man vor allem hier.

Zutaten

1 Block frischer Tofu
7–8 spanische/italienische eingesalzene Sardellenfilets in Öl
Lauch
Zwiebel
Knoblauch
getrocknete Chilischote
Honig
Reiswein
Olivenöl
weißer Pak Choi

Zubereitung

- Die gesalzenen Sardellenfilets fein hacken und mit etwas Olivenöl vermischen.
- Lauch und Zwiebel (jeweils gleiche Menge) so fein wie möglich hacken, Knoblauch und Ingwer ebenfalls klein hacken, alles dazumischen, mit getrockneter Chilischote (gehackt) würzen, noch ein bisschen Honig und einen Schuss Reiswein beigeben. Dann alles mit dem Stabmixer zu einer einheitlichen Sauce vermixen.
- Salzwasser zum Kochen bringen und den Pak Choi darin nicht länger als 30 Sekunden blanchieren. Dann herausnehmen und in eiskaltem Wasser abschrecken. Den Kohl ausdrücken und die Stängel wegschneiden.
- Den Tofu in schmale Streifen schneiden und die Sauce über Tofu und Pak Choi gießen – weitere Gewürze sind bei diesem Gericht nicht notwendig.

Tofu-Frühlingsrollen und Pao-Tofu mit Topinambur, Kapern und Oliven

Zwei ganz unterschiedliche Tofu-Arten, die das enorm breite Spektrum dieses faszinierenden Produktes zeigen, mit ein und derselben Fülle zubereitet. Bei den Frühlingsrollen kommt das so genannte „Tofu-Papier" beziehungsweise die „Tofu-Haut" (auf Chinesisch „Tofu-Pi") zum Einsatz, das ist die getrocknete Milchhaut, die bei der Tofu-Produktion entsteht – sie ist knusprig und verfügt über einen interessanten Soja-Geschmack, ein wirklich erstaunliches Produkt. Und beim Pao-Tofu handelt es sich um bei großer Hitze frittierte Tofu-Stücke; Pao-Tofu ist außen ein wenig porös und innen flaumig-schwammig, quasi das Gegenteil der Tofu-Haut. Und kann normaler Tofu dank seiner Struktur schon ganz wunderbar Saft und Geschmack aufnehmen – der Pao-Tofu kann das noch mehr.

Zutaten für die Fülle

Topinambur (etwa 50 g pro Portion)
1 Frühlingszwiebel
Weißwein
Olivenöl
Reiswein
Salz, Pfeffer
aromatische Pilze
grüne Oliven
in Salz eingelegte Kapern

Für den Pao-Tofu

Pao-Tofu (je nach Verwendung als Vorspeise oder im Rahmen eines chinesischen Menüs ein bis zwei Stück pro Portion)
Dashi-Pulver
Salz, Pfeffer
Sojasauce
Reiswein

Für die Frühlingsrollen

Tofu-Papier (Tofu-Pi)
Frühlingszwiebeln
Rapsöl
Teriyaki-Sauce

Zubereitung

- Für die Fülle die Topinambur eine halbe Stunde in Salzwasser (mit Frühlingszwiebel und einem Schuss Wein zur Aromatisierung) kochen. Dann schälen und zu Püree zerdrücken.
- Frühlingszwiebel und Pilze fein zerhacken, mit Olivenöl und den in winzige Scheiben geschnittenen grünen Oliven zum Püree geben, die Kapern abspülen, zerhacken, ebenfalls ins Püree mischen. Salzen, pfeffern und einen Schuss Reiswein dazugeben. Achtung: Das Verhältnis Topinambur-Pürree und Gewürze/restliche Zutaten sollte etwa bei 3:1 liegen.

- In die weichen Stücke des Pao-Tofu mit dem Finger ein Loch hineindrücken und in dieses mit einem kleinen Löffel die Fülle hineingeben.
- Aus dem Dashi-Pulver mit etwas Wasser eine Brühe rühren, mit Salz, Pfeffer, Sojasauce und Reiswein vermischen, in einem kleinen Topf leicht erhitzen. Die gefüllten Tofu-Stücke hineinsetzen und sechs bis sieben Minuten köcheln lassen, der schaumige Tofu saugt den Fond auf.

- Währenddessen das Tofu-Papier zehn Minuten wässern. Die Fülle darauf drapieren, einschlagen und zusammenrollen. Die Enden der Rolle dürfen nicht offen sein.
- Schmale Frühlingszwiebel in Salzwasser blanchieren, herausnehmen, in eiskaltem Wasser abschrecken und ausdrücken. Mit den blanchierten Frühlingszwiebeln die Frühlingsrollen zusammenbinden (man kann einen Knopf machen, das hält).
- Reichlich Rapsöl erhitzen und die Frühlingsrollen bei 180 °C schwimmend frittieren, 60 bis 90 Sekunden reichen, es geht nur darum, die Haut knusprig werden zu lassen. Herausnehmen, abtropfen lassen und mit Teriyaki-Sauce (entweder als Dip oder darübergießen) servieren.

Tofu-Spinat-Salat

Auch bei diesem Gericht – es erscheint uns Europäern als Idealfall einer sommerlichen, leichten Vorspeise – ist die Rolle klar definiert: „So ein Salat wird immer im Rahmen von vielen Vorspeisen serviert", erklärt Simon, „er dient zur Neutralisierung der Geschmacksnerven nach dem Genuss scharfer, fetter oder sonst wie aromatisch intensiver Gerichte", hat somit in etwa die Rolle eines Sorbets.
Was aber natürlich nicht bedeutet, dass man diesen hübschen, frischen Salat nicht auch einfach so essen darf.
In China isst man den Spinat übrigens – anders als bei uns – mit den ganzen Stielen, „roh sind die kaum zu essen". Klar, sie bringen Biss und Struktur ins sonst nur weiche Gemüse, die in China für den Genuss nun einmal wesentlich sind.

Zutaten

1 Stück frischer Tofu
2 Handvoll Spinat
Salz, Pfeffer
Honig
Sesamöl
geröstete schwarze Sesamkörner (selbst hergestellt oder gekauft)

Zubereitung

- Geröstete Sesamkörner besitzen ein wunderbar nussiges Aroma: fertig gekaufte nur ein schwaches, frisch geröstete ein entsprechend intensiveres. Falls man sich für Letzteres entscheidet, die Körner in einer kleinen Pfanne ohne Öl bei kleinstmöglicher Hitze anrösten und dabei ununterbrochen schwenken. Vorsicht: Wenn der richtige Punkt erreicht ist, sind es nur mehr wenige Augenblicke bis zum Verbrennen.

- Den Spinat gut waschen und putzen (Stängel dranlassen, aber die abgebrochenen, holzigen Enden entfernen). Salzwasser zum Kochen bringen und den Spinat blanchieren – nur für ein paar Sekunden! In eiskaltem Wasser abschrecken, damit die grüne Farbe erhalten bleibt. In einem Sieb vorsichtig ausdrücken, zu einem Knödel formen und diesen längs und quer in etwa ein Zentimeter breite Stücke schneiden.
- Auch den Tofu in ein Zentimeter große Würfel schneiden, in einer Schüssel vermischen.
- Für die Marinade Salz, Pfeffer, etwas Honig, Sesamöl und die gerösteten Sesamkörner verrühren, Tofu und Spinat damit marinieren, gut vermischen.
- Den Spinat dann – nicht zu fest – in einen Becher in der Größe der gewünschten Portion drücken und für eine Stunde kalt stellen. Unmittelbar vor dem Servieren aus dem Becher auf einen Teller stürzen, dann behält der Salat schön die Form. Beim Essen darauf achten, dass Spinat und Tofu gleichzeitig und zusammen genossen werden, der herbe Spinat und der geschmeidige Tofu ergänzen einander wunderbar.

Frau Shu Chen – Süßsaure Lilien und Tofu, weiß wie Schnee

Wie hat man sich eine Tofu-Erzeugung vorzustellen? So wie eine Molkerei? So wie eine Bäckerei? Die Tofu-Manufaktur von Frau Shu Chen jedenfalls sieht aus wie eine kleine Hobbywerkstatt, gleich neben ihrem Häuschen in einer Siedlung am Rande von Rotenturm, das am Rande von Oberwart liegt, das wiederum ziemlich am östlichen Rand des Burgenlands zu finden ist.

Vor zwölf Jahren – Shu Chen lebte damals noch in Güssing – fuhr sie eines Tages mit dem Fahrrad durch die südburgenländischen Felder, als ihr eine Feldfrucht auffiel, die ihr aus ihrer Heimat bekannt vorkam: Sojabohnen. „Da habe ich dann probeweise mit dem Tofumachen begonnen – und mit der Suche nach Soja. Und das war gar nicht so leicht, ich bin gelernte Kosmetikerin, keine Bäuerin." Als sie schließlich einen Bauern beauftragte, ihr die eiweißreichen Bohnen anzubauen, fragte der verwundert, ob sie denn Schweine hätte – um sie damit zu füttern.

Vor zehn Jahren habe sie ihren Tofu noch in der Küche gemacht, erzählt Shu Chen, erst seit kurzem habe sie ihre neue, größere Anlage. Stolz zeigt sie auf ihre Metallkessel, Pressen und Filter, da werde sie wohl auch etwas mehr produzieren können als die bisherigen 80 bis 100 Kilo pro Monat. Die Herstellung läuft vergleichsweise einfach ab: Die Bohnen werden für zehn Stunden eingeweicht, dann müssen sie bei 75 bis 80 °C ein bis zwei Stunden ziehen, das nimmt die Bitterstoffe. Dann lässt man sie noch einmal in Wasser quellen, zerkleinert und presst sie – die Sojamilch mit hohem Anteil von Eiweiß und Vitaminen fließt ab. Nach diversen Koch- und Abschöpf-Durchgängen kommt schließlich das Gerinnungsmittel Nigari dazu und die nun gestockte Masse in eine Form. Je nach Wassergehalt ist der Tofu fester oder zarter.

Ihr Interesse war jedenfalls geweckt, weshalb sich Shu Chen kurz nach Beginn ihrer Tofu-Karriere 50 Sorten Saatgut für chinesische Gemüse aus Taiwan schicken ließ: Pak Choi, Bittergurken, Schlangengurken, Goji-Beren, Jaigulan-Tee ... Geblieben sind die essbaren Taglilien, von denen sie heute etwa 10.000 Pflanzen hat und deren Blüten sie in Essig einlegt – ein wirklich ganz besonderes, süßsaures „Gemüse".

Simon las in einem Gourmet-Magazin über Shu Chen, dort gewann ihr Tofu einen Vergleichstest. Den delikaten, fruchtig-frischen Tofu aus dem Südburgenland zu bekommen ist natürlich nicht so leicht, weshalb er die Hoffnung nicht ganz aufgibt, mit Frau Shu Chen eines Tages eine Tofu-Produktion in Wien aufzuziehen. Was allerdings noch etwas mehr Verständnis für den Sojabohnenkäse erfordern würde. „In China sagt man, ‚Tofu passt zu 100 Geschmacksrichtungen', also überall dazu, in Österreich essen ihn aber fast nur die Vegetarier."

Huhn, Ente, Gans & Co waren zwar seit jeher die wesentlichen Fleischlieferanten für das gesamte chinesische Riesenreich, in der südöstlichen Küstenregion wurde das Geflügel aber immer schon etwas raffinierter und behutsamer zubereitet als im Rest des Landes. Hier ist man sogar nach der wirtschaftlichen Öffnung der bäuerlichen Zuchttradition treu geblieben, und zwar der Qualität zuliebe, obwohl Tiere aus Geflügelfabriken natürlich viel billiger zu haben sind.
Er habe nichts neu dazuerfinden müssen, sagt Simon, er schätzt Geflügel geschmort oder gebraten, dem Aroma zuliebe immer mit Knochen – und nicht zuletzt wegen der unkomplizierten Zubereitung. Er bereicherte das Spektrum bloß um Würzungen und Garmethoden der Sichuan- und Kanton-Küche, aber auch um Erkenntnisse aus Europa. So wäre es in China völlig undenkbar, eine geräucherte Entenbrust – eine der wahrscheinlich delikatesten Spezialitäten aus Wenzhou – innen rosa zu servieren, wie es in der französischen Küche obligatorisch ist.

GEFLÜGEL

Drei Gerichte aus einem Huhn

HÜHNERSUPPE MIT HÜHNER-WAN-TANS

HÜHNERBRUST „WEISS“

GESCHMORTE HÜHNERKEULEN MIT MARONI

Brust oder Keule? Jeder weiß, dass die unterschiedlichen Teile eines Huhns nicht nur unterschiedlich schmecken, sondern auch eine unterschiedliche Konsistenz aufweisen. Was liegt also näher, als aus einem einzigen Huhn mehrere Gerichte zu zaubern, unterschiedlich zubereitet und unterschiedlich im Charakter.
Das Huhn ist den Chinesen zweifellos der wichtigste Fleischlieferant, die Arten seiner Zubereitung sind in den unterschiedlichen Regionen Chinas definitiv unendlich, außer den Federn isst man vom Huhn eigentlich alles, und das, was man nicht essen kann, wird zu Suppe verkocht.
Im Folgenden ein kleiner Querschnitt dessen, was man aus einem einzigen Huhn, wie man es in Österreich bekommen kann, alles zuzubereiten vermag.

Zutaten

1 Huhn

Für die Hühnersuppe

getrocknete Pilze
Lauch
1 Frühlingszwiebel
Ingwer
Lorbeer
1 Chilischote
Schalotte mit Schale
1/8 l Weißwein oder Reiswein
Sojasauce
Salz, Pfeffer
frische Pilze
Baby-Pak-Choi
getrocknete Algen

Zubereitung

- Zuerst die Keulen vom Huhn abtrennen und zum Marinieren beiseite stellen, auch die Brust von der Karkasse abtrennen und einstweilen kühl stellen sowie für die spätere Füllung etwas Fleisch von der Karkasse ablösen und beiseite stellen. Der Brustknochen kann durchaus am Fleisch belassen werden, er schützt später vor dem Austrocknen „und macht die Sache authentischer“.
- Dann die Hühnersuppe zubereiten: einen Topf mit Wasser aufsetzen, zwei oder drei getrocknete Pilze („für den Geschmack“), Lauch, Frühlingszwiebel, Ingwer (gewaschen, mit Schale, mit der flachen Seite des Messers grob angedrückt), Lorbeer, eine ganze Chilischote, eine ganze Schalotte mit Schale und ⅛ Liter Reis- oder Weißwein dazugeben. Das Huhn in den Topf geben, das Wasser knapp unter den Siedepunkt erhitzen und die Suppe 45 Minuten bis eine Stunde lang offen köcheln lassen.
- Dann die Suppe mittels Sieb „befreien“, also von Karkasse und Gemüse trennen. Die Hühnerbrust nun in die Suppe geben und etwa sieben bis acht Minuten unter dem Siedepunkt ziehen lassen, herausnehmen, beiseite legen und rasten lassen. Sie kann dabei ruhig auskühlen, die Hühnerbrust wird lauwarm oder sogar kalt gegessen, sie hat auf diese Weise eine bessere, stabilere Konsistenz, das Fleisch wird durch das Abkühlen fester. Ein optimales Ergebnis erzielt man sogar, wenn die Hühnerbrust nach dem Erkalten für eine Nacht im Kühlschrank rastet, dadurch bindet das enthaltene Gelee das Fleisch optimal, das macht den gleichzeitigen Genuss mit den anderen beiden Gerichten aber etwas kompliziert. Vor dem Servieren in feine Scheibchen schneiden.

Hühnersuppe mit Hühner-Wan-Tans

Für die Wan Tans

Wan-Tan-Teig
(fertig, im Asia-Laden erhältlich)
Ingwer
frische Pilze
Zi-Chai-Algen
(dünne getrocknete Algen, erhältlich im Asia-Shop)
Frühlingszwiebel
frische Kräuter nach Belieben
Sojasauce
Salz, Pfeffer

Zubereitung

- Für die Zubereitung der Wan Tans Flügel und Karkasse des restlichen Huhns auslösen und das Fleisch (ein bisschen Haut darf durchaus dabei sein, allerdings nicht zu viel) in feine Streifen schneiden, die dann in Würfelchen gehackt werden. Etwas Ingwer ebenfalls sehr klein würfeln, frische Pilze, Kräuter und Frühlingszwiebel fein hacken, alles miteinander vermischen und mit ein paar Tropfen Sojasauce, Salz und Pfeffer würzen. Das Verhältnis von Fleisch und Kräutern/Gemüse/Gewürzen muss auf jeden Fall 2:1 sein, denn das Fleisch und die Hühnerhaut sind das einzige Bindemittel der Wan-Tan-Fülle. Gut miteinander verrühren, bis eine kompakte Masse entsteht.
- Nun mit einem Löffelchen die Fülle auf den Wan-Tan-Teig platzieren, nicht zu viel, die Teigtaschen müssen sich gut schließen lassen. Die Ränder großzügig befeuchten, zusammenklappen, je nach Format der Wan-Tan-Blätter entweder halbkreisförmige Ravioli formen oder – bei eckigen Teigblättern – die Ecken in die Mitte falten und da zusammendrücken.
- Zum Servieren der Suppe noch frische Pilze, Baby-Pak-Choi und getrocknete Algen in die Suppe geben. „Diese Suppe ist sehr europäisch, in China wäre sie viel dünner, wässriger.“ Die Wan Tans vorsichtig hineingeben und alles noch etwa 30 Sekunden (je nach Geschmack) mitsieden lassen, mit Salz, Peffer und einem Schuss Wein abschmecken. Ob die Teigtaschen fertig gegart sind, merkt man leicht an der Transparenz und der Beschaffenheit des Teiges.
- „Wenn man Wan Tans für Suppe macht, kann man fast nichts falsch machen, wenn man sie brät, muss man viel genauer an der Fülle arbeiten, da muss die Würzung perfekt sein.“

2. GERICHT

Hühnerbrust „weiß“

Für die Sauce zur Hühnerbrust „weiß“

grüne Kräuter nach Belieben (Koriander, Thai-Basilikum, Frühlingszwiebeln)
Ingwer
frische Chilischote
Salz, Pfeffer
Honig
Reiswein
Sojasauce
Balsamico

Zubereitung

› Für die Sauce zur Hühnerbrust Kräuter, ein bisschen Ingwer, eine Chilischote ganz fein hacken und in eine kleine Schüssel geben. Mit Salz und Pfeffer würzen, einen Kaffeelöffel Honig sowie ein paar Tropfen Reiswein dazugeben, mit ein bis zwei Esslöffel Hühnerfond vermischen und mit Sojasauce und Balsamico abschmecken. Diese Sauce ist zum Dippen gedacht, „man isst die Hühnerbrust wie Sushi, als netten, erfreulichen Snack“ oder auch zu Reis.
Im Kühlschrank hält sie sich mindestens zwei bis drei Tage.
Wer möchte, kann die Sauce zur Hühnerbrust „weiß“ auch auf Nudeln geben und so genießen.

3. GERICHT

Geschmorte Hühnerkeulen mit Maroni

Für die Hühnerkeulen mit Maroni

Olivenöl
Reiswein
Schalotten
2 grüne Pfefferoni
2 Chilischoten
2 Stück kandierter Ingwer
7–8 Maroni (geschält und vorgekocht)
Salz, Pfeffer

Zubereitung

- Für die geschmorte Hühnerkeule mit Maroni die beiden Keulen in Reiswein, Salz und Pfeffer etwa eine halbe Stunde marinieren (in einem tiefen Teller oder im Plastiksack).
- Im einem Topf Olivenöl erhitzen, die Keulen hineingeben, zwei Schalotten ohne Schale, zwei grüne Pfefferoni, zwei Chilischoten sowie die Maroni dazugeben und Keulen sowie Aromaten und Maroni unter ständigem Wenden schön anrösten. Dann das Ganze mit Reiswein ablöschen und mit einem Schöpfer der Hühnersuppe aufgießen, eventuell noch etwas Salz dazugeben, falls zu wenig Flüssigkeit zum Schmoren im Topf ist. Zehn bis 15 Minuten – je nach Dicke der Keulen – köcheln lassen.

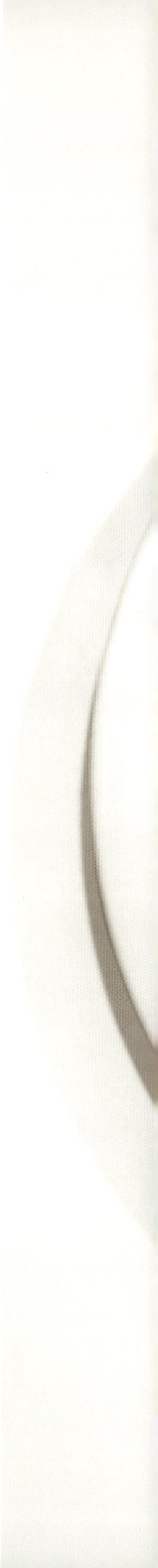

Ente im Ganzen

Ente wird in ganz China zubereitet, überall mit anderer Würzung, überall nach anderer Methode, überall mit größter Inbrunst. „Die Ente ist für die Chinesen ungefähr das, was für die Österreicher das Schwein ist“, und bis Anfang der 80er-Jahre, als sich das Angebot an Lebensmitteln etwas verbesserte und man auf größere Vielfalt auch an Fleisch zurückgreifen konnte, hieß es: „Ohne Ente und Huhn ist es kein Festmahl.“ Seit Mitte der 80er-Jahre ließ das Prestige des Geflügels aber stark nach und wurde von Fisch, Meeresfrüchten, leichter Gemüseküche und Süßwasser-Krustentieren abgelöst.

Serviert wird die Ente traditionell immer im Ganzen, in Österreich meistens in Form der Peking-Ente oder der knusprigen Ente, der Wenzhou-Stil erlaubt es aber auch, die Ente zu schmoren. Simon kombiniert hier eine Rezeptur, die eigentlich aus der Sichuan-Küche stammt, mit einer Garmethode, wie man sie in der Küstenregion liebt. Und wenn Sichuan im Spiel ist, darf natürlich der Szechuan-Pfeffer nicht fehlen. Dieses überaus interessante Gewürz ist kein Pfeffer im eigentlichen Sinn (wie schwarzer, weißer und grüner Pfeffer), sondern die getrockneten Samen einer Zitruspflanze. Beißt man auf Szechuan-Pfeffer, macht sich ein scharf-prickelnder Geschmack bemerkbar, der auch ein bisschen betäubend wirkt, man nennt die Schärfe des Szechuan-Pfeffers auch „elektrisch". Achtung: Diese Variante verlangt, die Ente über Nacht rasten zu lassen, also am Vortag zubereiten.

Zutaten

1 Ente
Chilischoten, getrocknet und frisch
3–4 Stück Ingwer
Knoblauchzehen
fermentierte Schwarzbohnen
Szechuanpfeffer
Sternanis
Olivenöl
grobes Meersalz
koreanisches Chilipulver
Rotwein

Zubereitung

- Zuerst wird das Basisgewürz zubereitet: Die frischen und getrockneten Chilischoten, den Ingwer, ein paar Zehen Knoblauch, einen Esslöffel fermentierte Schwarzbohnen und einen flach gestrichenen Esslöffel Szechuan-Pfeffer hacken, zerkleinern und vermischen, den Sternanis in Stücke brechen, zerhacken und beimischen.
- In einer Pfanne oder im Wok Olivenöl heiß werden lassen, das Gewürz hineingeben und im Öl vorsichtig anrösten, aufpassen, dass es nicht anbrennt. Grobes Meersalz und das koreanische Chilipulver dazugeben, unmittelbar danach Pfanne oder Wok von der Flamme nehmen, alles durchmischen, aus dem Wok in ein Gefäß geben und beiseite stellen. Den Wok oder die Pfanne kurz ausspülen und auswischen.
- Nun das Bauchfett der Ente abschneiden, in Stücke zerteilen und im Wok schmelzen lassen, bis sich Grammeln bilden. Den Bürzel-Bereich der Ente entfernen, der hinterlässt einen etwas eigenartigen, ungewollten Geschmack. Die Grammeln aus dem Wok entfernen und jetzt die Ente auf großer Flamme in ihrem eigenen Fett braten, möglichst rundherum schön braun. Es darf ruhig rauchen und auch etwas dunkelbraun werden, aber keinesfalls verbrennen, da muss man aufpassen. Durch die starke Flamme bleibt der Saft in der Ente und geht nicht verloren.
- Nun mit dem halben Liter Rotwein aufgießen und die Gewürze dazugeben. Die Hitze aufdrehen, aufkochen lassen, den Schaum abschöpfen, zudecken und die Hitze stark reduzieren, dass die Ente knapp über dem Siedepunkt vor sich hin köchelt. Zwei Stunden soll sie so garen, alle 15 Minuten muss sie gewendet werden, nach eineinhalb Stunden kann man den Deckel beiseite tun und die Ente offen fertig garen und dabei die Sauce reduzieren.
- Dann die Ente im Topf und mit der Sauce über Nacht rasten lassen.
- Zerkleinert wird die Ente dann auf „chinesische Art", also in etwa zentimeterdicke Scheiben gehackt, ohne jegliche Rücksicht auf Anatomie oder Knochenverlauf, die Knochen werden einfach mitgehackt, „das schöne Stück ist das Wichtigste".

Geräucherte Entenbrust

Das Räuchern ist in China uralte Tradition, wird allerdings – anders als in Europa – nicht nur als Konservierungsmethode verstanden, sondern gilt als Zubereitungsart. Zentrum der Räucherküche ist Sichuan, wo die geräucherte Ente zweifellos einer der kulinarischen Höhepunkte ist, die Fertigkeit des Heißräucherns im Wok hat sich aber längst in ganz China durchgesetzt. Geräuchert wird allerdings nicht einfach nur mit Spänen wie bei uns, vielmehr wird das Fleisch, der Fisch, das Geflügel, Gemüse oder Obst mit dem Räuchergut zugleich gewürzt – sei es durch das Verglosen von Tee, aromatischen Hölzern wie Kampfer, Zypresse oder Bambus, Schalen von Zitrusfrüchten oder Gewürzen. Eine absolut faszinierende Zubereitungsmethode, spektakulär, dabei aber relativ einfach. Benötigt wird ein schwerer Wok oder ein großer Topf mit – und das ist wichtig – dicht schließendem Deckel. Ebenfalls essentiell ist ein Gitterrost, auf den das Räuchergut gelegt werden kann, hier kann man aber improvisieren und irgendein Drahtgestell nehmen, das in den Topf passt und auf das man eine Entenbrust, einen Fisch oder ein Stück Fleisch einigermaßen gerade hinlegen kann (Simon verwendete bei diesem Rezept den Drahtkorb eines Spargeltopfes ...). Im Idealfall bleibt sämtlicher Rauch im Topf, wie man aber weiß, tritt der Idealfall selten ein. Eine Möglichkeit zum Lüften ist hier also von Vorteil.
Man kann die geräucherte Entenbrust natürlich frisch aus dem Rauch servieren, ein warmes Gericht im eigentlichen Sinne ist sie aber nicht, eher ein köstlicher, kleiner Beitrag zur festlichen Tafel.

Zutaten

Entenbrust

Für die Marinade

Macha-Tee
Mirin
1 getrocknete Chilischote
Sojasauce

Zum Räuchern

Zucker oder chinesischer Braunzucker
Reis
Grüntee oder Jasmintee
Ingwer
1 getrocknete Chilischote
Lorbeer
Gewürze nach Belieben

Für die Sauce

Balsamico
Sojasauce
Honig
Mirin
frische Chilischote
grüne Kräuter

Zubereitung

- Die Entenbrust auf der Hautseite kreuzweise einschneiden, eine Marinade aus einem Teelöffel Grünteepulver (Macha), einem Esslöffel Mirin, einer fein zerbröselten getrockneten Chilischote und etwas Sojasauce mischen.
- Die Entenfilets etwa vier Stunden marinieren.
- Einen großen Topf oder Wok mit Alufolie auslegen (sonst brennen die Gewürze an). Eine Handvoll Reis, eine halbe Handvoll Grüntee oder Jasmintee, eine halbe Handvoll Zucker oder Braunzucker, Ingwer, Chilischote, Lorbeer und Gewürze darauf platzieren.
- Das Gittergerüst/den Gitterrost in den Topf oder den Wok geben und die Entenfilets mit der Hautseite nach unten auf das Gitter legen. Nun die Naht zwischen Topf und Deckel rundherum mit Alufolie abdecken und möglichst perfekt abdichten. Nicht mit Folie sparen! Auf zuerst kleiner, dann mittelgroßer Flamme das Räuchern in Gang setzen und 15 bis 20 Minuten räuchern, das reicht, um ein oder zwei Entenbrust-Filets im heißen Rauch rosa zu garen. Flamme abdrehen und die Filets im provisorischen Räucherofen abkühlen lassen (wenn sie kalt sind, zerfallen sie nicht so leicht). Wenn man die Haut gerne knusprig mag, noch zwei bis drei Minuten auf der Hautseite in einer Pfanne anbraten, mit einem scharfen Messer in feine Scheiben schneiden.
- Für die Sauce Balsamico, Sojasauce, Honig, Mirin und fein gehackte Chilischote vermischen und die Entenfilet-Scheiben damit entweder beträufeln oder – noch besser – die Sauce in ein kleines Gefäß zum Dippen geben.

Phönixkrallen frittiert mit fermentierten Schwarzbohnen oder aus dem Wok

Phönixkrallen, alias Hühnerfüße, berühmt und berüchtigt als Mutprobe in Dim-Sum-Lokalen. Füße zählen in Österreich schließlich nicht zum kulinarischen Standard-Repertoire, und wenn man sie isst, dann versteckt und klein geschnitten in Sulzen oder Suppen. Nachdem die Chinesen beim Essen aber äußerst großen Wert auf die Konsistenz der Speisen legen (und manche Sachen sogar nur aufgrund ihrer speziellen Konsistenz gegessen werden), sind Hühnerfüße natürlich sehr beliebt. Denn frittiert sind sie außerordentlich knusprig, und im Wok geschmort besitzen sie einen etwas glibberig-gallertigen Touch, der dem Chinesen in uns das Herz hüpfen lässt, „wir mögen dieses Geleeartige sehr gern", sagt Simon.
Früher, erinnert sich Simon, galten die Hühnerfüße bei österreichischen Geflügelhändlern als Abfall. Um sie nicht entsorgen zu müssen, wurden sie an Tierfutterfabriken abgegeben – oder den China-Shops geschenkt, im Sinne der Kundenbindung. Das ist lange vorbei, mittlerweile sind die Hühnerfüße – nicht zuletzt durch die gestiegene Nachfrage bei in Österreich lebenden Chinesen – teurer als das Hühnerfilet. Angeblich werden österreichische „Qualitätshühnerfüße" sogar nach China exportiert ...
Chinesen lieben Hühnerfüße als unkomplizierten Snack, „man isst sie einfach zum Spaß".
Als Aperitif zu Bier oder Champagner gereicht, bleibt dieser kleine Happen österreichischen Gästen aber sicher länger in Erinnerung als irgendein Lachsröllchen oder Käsespießchen.

Frittierte Hühnerfüße mit fermentierten Schwarzbohnen

Zutaten

mindestens 6 Hühnerfüße
Salz, Pfeffer
Zucker
Sojasauce
Reiswein
fermentierte Schwarzbohnen
Raps- oder Sonnenblumenöl

Zubereitung

- Die Hühnerfüße eine halbe Stunde mit Salz, Pfeffer, Zucker (ein halber bis ein Esslöffel), einem Esslöffel Sojasauce und einem Schuss Reiswein marinieren.
- Einen halben Esslöffel fermentierte Schwarzbohnen 15 Minuten vorher in Reiswein oder Öl einlegen.
- Die Füße in Rapsöl oder Sonnenblumenöl nicht allzu heiß frittieren, bis die Haut beginnt, Blasen zu werfen. Das dauert etwa drei bis vier Minuten, man muss nach dem Aussehen entscheiden: Wenn die Farbe schön rötlichbraun ist, aus dem Öl nehmen und mit den Bohnen vermischen.
- Im Teller noch salzen und pfeffern, eine Prise Zucker und Schwarzbohnen dazugeben, mit Reiswein übergießen und mit ein paar Tropfen Sojasauce würzen, dann in den Dampfgarer stellen und noch knapp 10 Minuten dämpfen. Wenn kein Dampfgarer zur Hand ist, einen Topf mit 3 cm Wasser befüllen, ein Dämpfsieb einstellen und die Füße mit Bohnen in einem Teller auf das Sieb stellen, den Topf bedecken. Nach Erreichen des Siedepunktes ebenfalls noch knapp 10 Minuten dämpfen.

Hühnerfüße aus dem Wok

Zutaten

mindestens
6 Hühnerfüße
Knoblauchzehe
Ingwer
Schalotte
Reiswein
Raps- oder
Sonnenblumenöl
Salz, Pfeffer
½ EL Zucker

Zubereitung

› Etwas Raps- oder Sonnenblumenöl im Wok heiß werden lassen, ein Stück Ingwer (angequetscht), eine Knoblauchzehe (mit Schale, angequetscht) und eine Schalotte ohne Schale dazugeben und im Öl anrösten, um es auf diese Weise zu aromatisieren. Die Hühnerfüße dazugeben, schwenken, salzen, pfeffern, ½ El Zucker dazugeben und mit etwa ⅛ Liter Reiswein und ½ Liter Wasser ablöschen. Die Hitze bis auf den Siedepunkt erhöhen und die Flüssigkeit reduzieren, bis eine dicke, geleeartige Sauce entsteht. Ab nun aufpassen, dass nichts anbrennt, bei kleiner Hitze weiterschmoren, bis die Hühnerfüße ganz weich und glibberig sind.

Schwarzes Huhn in Suppe

Wenngleich auch in China mittlerweile seltener geworden, sieht man die schwarzen Hühner heute zumindest noch im Umland der großen Städte bei den Bauern, erzählt Simon. Es sind spezielle Hühner, die nicht nur durch grazilen Körperbau beeindrucken, sondern natürlich vor allem durch ihre markante Farbe – auch in gerupftem Zustand. Wenn etwas eine schwarze Farbe hat, wird ihm in China gemeinhin eine positive Wirkung auf die Nieren nachgesagt, erfährt man. Das ist – abgesehen davon, dass das Fleisch des schwarzen Huhns als überaus nahrhaft und wohlschmeckend gilt – auch der Grund, warum man es gerne zu einer Suppe verarbeitet, die nicht nur zur Gaumenfreude dient, sondern auch für „Yang-shen" – zur Pflege des Körpers. So eine Suppe wird dann so pur wie möglich gehalten, um die Wirkstoffe nicht zu überdecken, und womöglich noch mit heilenden Kräutern, Beeren und Wurzeln angereichert, wie zum Beispiel Goji-Beeren oder Ginseng. („Da sollte man aber den amerikanischen Ginseng nehmen, der aromatisiert die Suppe ebenso wie der chinesische, ist aber nicht so teuer und man bekommt ihn leichter.")
Schwarzes Huhn bekommt man mittlerweile in gut sortierten Asia-Läden relativ einfach, die Qualität sei auch in tiefgefrorenem Zustand noch wirklich sehr okay, sagt Simon, er warte aber schon sehnsüchtig auf eine österreichische Züchtung.

Zutaten

1 schwarzes Huhn
Pilze
Lauch
1 Frühlingszwiebel
Ingwer
Lorbeer
1 Chilischote
Schalotte mit Schale
1/8 l Weißwein oder Reiswein
Sojasauce
Salz, Pfeffer
Pak Choi
sauer eingelegtes Grün vom weißen Rettich oder mildes Sauerkraut
Ginseng und Goji-Beeren nach Belieben

Zubereitung

- Einen Topf mit Wasser aufsetzen, ein paar Scheiben Ginseng, ½ Handvoll Goji-Beeren, zwei oder drei getrocknete Pilze, Lauch, Frühlingszwiebel, Ingwer (gewaschen, mit Schale, mit der flachen Seite des Messers grob angedrückt), Lorbeer, eine ganze Chilischote, eine ganze Schalotte mit Schale und ⅛ Liter Reis- oder Weißwein dazugeben. Das Huhn in den Topf geben, das Wasser zum Sieden bringen und die Suppe 30 Minuten offen köcheln lassen. Dann das sauer eingelegte Gemüse (Rettich-Grün oder Sauerkraut) dazugeben und noch 20 Minuten bis eine halbe Stunde lang mitsieden lassen.

- Serviert wird die Suppe originalerweise im großen Topf und mit allem, was darin mitgekocht hat. Nach Wenzhou-Sitte setzt man sich rundherum, nimmt sich mit den Stäbchen Stückchen vom Huhn und schlürft die Suppe mit dem Löffel. Wem das Fleisch zu wenig gewürzt ist, der kann es in Sojasauce tunken und so verzehren.

Sesamöl-Küken,
Wachtel in Sesamöl gebraten

Wachteln sind in China keineswegs eine rare Delikatesse, sondern ein überaus populäres Geflügel, das in fast allen Regionen auf ganz individuelle Weise zubereitet wird. Und das hat zwei Gründe: einerseits, weil das zarte, dunkle Fleisch der Wachteln überaus köstlich schmeckt und das Wildgeflügel dank seiner praktischen Größe auch recht leicht zuzubereiten ist. Andererseits gibt es ganz pragmatische Gründe für die Wachtel-Zubereitung: Die Vögel leben in den Reisfeldern und dezimieren dort die Erträge. Sie zu braten ist also gewissermaßen eine Art von Selbstschutz mit kulinarischem Nebeneffekt.
Die kleinen Vögel in Sesamöl zu braten unterstreicht den delikaten, ganz leicht wildgeflügelartigen Geschmack dieses – heute längst auch in Europa gezüchteten – Geflügels. Das ergibt ein wunderbar röstiges Aroma, das fast ein bisschen an Kaffee erinnert und mit dem dunklen Fleisch der Wachtel hervorragend harmoniert.
Statt der Wachtel kann man für dieses Rezept übrigens auch Stubenkücken oder Jungtaube nehmen.

Zutaten

Wachteln (eine pro Person)
Chili
Ingwer
1 Stück Fenchel (etwa ein Viertel pro Wachtel)
getrocknete Tomaten
Schalotten
Honig
Reiswein
Sesamöl, Sojasauce
Korianderwurzel
Salz, Pfeffer

Zubereitung

- Den Topf oder Wok heiß werden lassen, zwei Esslöffel Sesamöl hineingießen, die Chilischote, den Ingwer, die Korianderwurzel (schmeckt ähnlich wie Korianderblätter, das Koriandergrün würde bei dieser Zubereitung aber verbrennen), Trockentomaten, klein geschnittenen Fenchel und die grob gehackten Schalotten hineingeben, anschwitzen lassen und das Öl auf diese Weise aromatisieren.
- Dann die Wachtel dazugeben und rundherum anbraten, dabei viel bewegen, schwenken, oft wenden und erst im Topf salzen („Wenn man zu früh salzt, wird's trocken") und pfeffern. Mit einem Löffelchen etwas Honig auf die Wachteln geben, dann die Hitze steigern und mit Reiswein aufgießen.
- Nun wird die Wachtel recht schnell braun und knusprig; nach wie vor viel bewegen, oft wenden und jene Stellen, die beim Schwenken nicht von allein mit dem Topf in Berührung kommen, in den Topf/Wok drücken, damit eine gleichmäßige Bräunung zustande kommt.
- Während der ganzen Zubereitung insgesamt zwei- oder dreimal mit Reiswein aufgießen (man kann auch trockenen Sherry und etwas mehr Honig oder süßen Sherry nehmen). Nach Geschmack noch mit etwas Chilipulver würzen und mit einen Schuss Sojasauce finalisieren.
- Simon mag die Wachtel am Knochen noch etwas rosa, in Europa hat man's lieber durchgebraten. Man kann sicher sein, dass die Wachtel ganz durch ist, wenn man den Topf/Wok nach dem letzten Aufgießen zudeckt und die Wachtel noch eine halbe bis eine Minute zugedeckt braten lässt. (Ob die Wachtel durch ist, prüft man, indem man mit einer Gabel am dicksten Muskel – Schenkel, Brust – hineinsticht: Geht das mühelos, ist das Fleisch bis zum Knochen gar.)

Jutta Ambrositsch
Gemischter Satz zur China-Küche

Mittlerweile hat es sich einigermaßen herumgesprochen, dass man zu chinesischer Küche nicht zwangsläufig Bier oder Tee trinken muss, sondern dass Wein – vor allem die fruchtigen, pikant-würzigen, animierenden Weine Österreichs – mehr oder weniger ideal zu diesem Feuerwerk an Gewürzen und Aromen passt. Das war aber nicht immer so. 2002, als Simon sein erstes ON eröffnete, begründete er mit einer für Chinarestaurants absolut unüblichen Weinkarte einen neuen Stil – und definierte damit eine west-östliche Kulinarik-Melange, wie sie davor in Österreich kaum bekannt war.

Simon liebt Wein und die Idee der ChinaBar fußt eigentlich auf der ungezwungenen Kombination von feinem Wein und asiatisch angelehntem Essen, ohne Anspruch auf irgendwelche Traditionen oder Schulmeinungen, sondern nur mit Hinblick auf guten Geschmack. Als ideale Begleitung für seine Küche haben sich Weine gezeigt, die vielfältige Noten entwickeln – sie passen zu einer Esskultur, bei der nie ein einzelnes Gericht als ein Gang gilt.

Insofern ist es kein Wunder, dass Simon besonders den Gemischten Satz mag, einen Wein, der aus Trauben verschiedener Rebsorten gepresst wird, die gemischt und durcheinander gesetzt (daher der Name) in einem einzigen Weingarten stehen. Dieser urtümliche Weintyp hat fast nur in den Weingärten Wiens überlebt, wo er in den vergangenen Jahrzehnten den einfachsten Schankwein lieferte, seit einigen Jahren aber eine schillernde Karriere macht, auf die man sogar international aufmerksam wurde. Nicht zuletzt dank Jutta Ambrositsch, einer jungen Frau, die 2004 von ihrer Arbeit als Werbegrafikerin genug hatte und beschloss, fortan Winzerin in Wien zu sein. Über Jahre hinweg suchte sie sich uralte, besonders schöne, besonders steile, besonders besondere Weingärten in Grinzing, am Nussberg und in Sievering, pflegte und rekultivierte sie mit unendlicher Akribie und Geduld. Ihre Rieslinge, Grünen Veltliner und Gemischten Sätze sind aber nicht nur deshalb anders, sondern auch, weil sie mit extrem geringen Erträgen arbeitet, was den Saft und den Schmelz ihrer Kreszenzen oft knapp an die Erträglichkeit konzentriert; oder weil sie extrem spät liest, was den Trauben ihrer uralten Weingärten – der älteste ist ein Gemischter Satz aus dem Jahr 1948 – einfach besonders viel Ausdruck verleiht. Und weil sie ihre Weine werden lässt, wie sie wollen – wenn ein Wein zu gären aufhört und ein bisschen süß bleibt, dann soll und darf das so sein.

In besonders kargen Jahren gewinnt Jutta Ambrositsch aus ihren knapp drei Hektar Wiener Weingärten vielleicht 2500 bis 3000 Flaschen, für die in New York – dort liebt man solche „Spinner" – mittlerweile sagenhafte Preise bezahlt werden. Simon bekommt aber trotzdem immer sein Kontingent.

Mit der wirtschaftlichen Entwicklung der vergangenen Jahre auch im Landesinneren wuchs in China auch der Appetit auf Fleisch gewaltig. Simon beschränkt sich aber trotzdem nicht darauf, einfach nur große Stücke zu braten, sondern bleibt der Tradition seiner heimatlichen Küstenregion treu, indem er Fleisch mitunter auch als Würzung einsetzt – klein geschnitten, um den Geschmack und die Harmonie etwa eines Gemüse- oder Fischgerichtes zu unterstützen. Aber natürlich gibt es bei ihm Fleisch auch in ganzen Portionen, entweder aus dem Wok oder nach seiner Lieblingsmethode – geschmort. Oder sogar in einer Kombination aus beidem. Vieles sei jedenfalls zu schade, um es einfach im Wok zu braten, sagt er; die Schweinsbackerln, die Lammkeulen, der Ochsenschlepp, für deren Zubereitung habe er sich auch im Nahen Osten inspirieren lassen – und sich gänzlich andere, gänzlich unchinesische Würzungen und Garungen ausgedacht.

FLEISCH

Drei Gerichte aus einem Kaninchen

KANINCHENSUPPE MIT TEIGTASCHEN

POCHIERTE KANINCHENKEULE MIT KOHLSPROSSEN

GEBRATENE JIAOZI/GYOZAS MIT KANINCHENFÜLLE

Was für Huhn und Fisch gilt, gilt selbstverständlich genauso für das Kaninchen: Schade drum, es einfach nur zu braten, einfach nur ein Ragout zu machen, es einfach nur zu panieren, wenn man aus den verschiedenartigen Fleischstücken, die dieses Tier aufweist, nicht auch ein paar verschiedenartige Gerichte machen würde.
Kaninchen ist in China zwar ursprünglich nicht heimisch, hat sich aber schon vor Jahrhunderten als Haus- und Nutztier etabliert. Mittlerweile ist China sogar der größte Kaninchenfleisch-Produzent der Welt. In Simons Heimat Wenzhou aß man Kaninchen jedenfalls immer schon gerne, die beliebteste Zubereitungsart dort ist, es mit der getrockneten Schale von Mandarinen (Chen Pi) zu schmoren, was dem Kaninchenfleisch eine fruchtig-bittere Note verleiht. „Kaninchen wurde immer schon als Delikatesse geschätzt, hatte aber den großen Vorteil, dass man es sich auch leisten konnte." Und mit der Renaissance der chinesischen Esskultur im Zuge der wirtschaftlichen Liberalisierung gewann auch das Kaninchen wieder stark an Bedeutung.
Die Basis dieser drei Gerichte ist die Kaninchensuppe, mit der wir daher beginnen.

Zutaten

1 ganzes Kaninchen
Bier
Ingwer
Lorbeer
Salz, Pfeffer
Sojasauce
Prise Zucker

Zubereitung

- Vom ganzen Kaninchen die beiden Keulen abtrennen und vom Rücken die beiden Filets ablösen, beides kühl stellen.
- Dann die restliche Karkasse in drei Stücke hacken, in einen Topf geben und mit 0,5 bis 0,6 Liter Bier übergießen. Ein kleines Stück angequetschten Ingwer sowie ein Lorbeerblatt dazugeben und mit so viel Wasser aufgießen, dass die Karkasse bedeckt ist. Auf ganz kleiner Flamme ziehen lassen und dabei immer wieder den Schaum abschöpfen, die Suppe „reinigen". Die Suppe auf diese Weise 60 bis 90 Minuten ziehen lassen, erst ganz zum Schluss salzen und pfeffern sowie eine Prise Zucker dazugeben.
- Nun durch ein Sieb abseihen und die klare Suppe bei mittlerer Hitze auf ein Drittel einreduzieren. Eventuell noch etwas Bier dazugeben, um das Aroma zu verstärken, mit ein paar Tropfen Sojasauce würzen (nicht zu viel, die Suppe soll nicht zu dunkel werden!) und vorsichtig salzen.

1. GERICHT

Kaninchensuppe mit Teigtaschen

Teigtaschen, in China „Jiaozi", in Japan „Gyozas" genannt (bei uns unter diesem Begriff eher bekannt), gibt es schon seit den Frühzeiten der chinesischen Küchenkultur. Sie bieten schließlich eine gute Gelegenheit, Reste auf die bestmögliche und köstlichste Art zu verwerten, sie sind leicht in großen Mengen herzustellen, und sie ermöglichen eine Rezept-Vielfalt, angesichts derer Italiens Ravioli-Meister und die besten russischen Pelmeni-Macher nur vor Neid erblassen können. Jiaozi zu füllen ist in China Familienangelegenheit, da arbeiten alle zusammen. Simon sagt: „Ich habe während meines Studiums Tausende gemacht, damit hab ich mir meine Freizeit vertrieben."

Zutaten
für die Fülle

Fleisch des Kaninchenrückens (siehe S. 138)
Karotte
Shiitake-Pilz
etwas Kohlgemüse nach Belieben („für die Saftigkeit")
1 Frühlingszwiebel
Thai-Basilikum
Salz, Pfeffer
Olivenöl
Sesamöl
Sojasauce

Für den Teig

ca. 150 g Weizenmehl Typ 480
Salz

Zum Servieren

asiatischer Brokkoli
Pioppini- oder Buna Shimeji/ Buchenrasling-Pilze

Zubereitung

- Das Fleisch fein hacken, aber nicht faschieren („Gehacktes Fleisch hat einfach eine andere Konsistenz als Faschiertes"). Kräuter und Gemüse ebenso fein hacken, mit Gewürzen vermischen, mit wenig Sesamöl würzen und mit Olivenöl geschmeidig machen; auf keinen Fall zu viel Sojasauce verwenden, da die Fülle sonst zu dunkel wird.
  Achtung, das Verhältnis zwischen Fleisch und Gemüse sollte 2:1 oder 3:1 sein.
- Für den Teig das Mehl schluckweise mit Wasser vermengen, salzen und zu einem geschmeidigen, elastischen Teig verkneten, „ein bisschen mehr kneten kann nicht schaden".
  Den fertigen Teig 15 bis 20 Minuten rasten lassen.
- Dann zu einer Wurst ausrollen und kleine Stückchen abschneiden (die Teigwurst dabei von Schnitt zu Schnitt immer weiterdrehen, damit sie nicht anklebt). Die Teigstückchen dann zu dünnen Kreisen auswalken, die Ränder der Teigkreise noch extra dünn halten, „weil hier klebt man sie zusammen, und wir Südchinesen beißen ungern auf zu viel Teig".
- Die Teigblätter mit einer Portion Fülle belegen, zusammenklappen, in der Mitte zusammendrücken und dann von außen zur Mitte hin blättrig zusammendrücken (das hat allerdings rein ästhetischen Zweck, man kann es machen, wie man will, zu viel Teig sollte aber vermieden werden).
- Dann die Teigtaschen in die heiße Suppe geben und knapp unter dem Siedepunkt kochen. Das dauert etwa 8 bis 9 Minuten, je nachdem, wie dick der Teig ist, wie groß die Jiaozi geworden sind und wie viel Fülle man in die Teigblätter gegeben hat. Dass die Teigtaschen gar sind, ist aber leicht daran zu erkennen, dass sie nach oben schwimmen. Dann die Suppe mit Salz, Pfeffer, einem Schuss Wein und Sojasauce abschmecken.
- Zum Servieren die Suppe in eine Schale gießen, zwei bis drei Jiaozi hineingeben und mit einem Blatt asiatischem Brokkoli sowie ein paar kleinen Pilzen garnieren.

Pochierte Kaninchenkeule mit Kohlsprossen

„Wir kennen in China zwar so ziemlich alle nur vorstellbaren Sprossen, aber die Kohlsprossen sind uns völlig unbekannt", wundert sich Simon, der den feinen Kohlgeschmack und den knackigen Biss dieses Gemüses sehr schätzt und sich daher sicher ist, dass auch die Kohlsprossen demnächst wohl China erobern werden, wie es vor einigen Jahren schon dem Brokkoli und der Stangensellerie gelungen ist.

Zutaten

2 Kaninchenkeulen
Kaninchensuppe (siehe S. 138)
Kohlsprossen nach Belieben
Balsamico
getrocknete Chilischote
Honig
Kräuter nach Angebot und Belieben
Sojasauce
Reiswein

Zubereitung

- Die beiden Kaninchenkeulen in eine Kasserolle legen und mit der Kaninchensuppe übergießen, sodass die Keulen gut bedeckt sind. Eventuell noch ein wenig salzen, das Backrohr auf 65 °C stellen und die Kasserole mit den Kaninchenkeulen darin 90 Minuten ziehen lassen.
- Die Kohlsprossen gründlich waschen und die äußersten, dunkelgrünen Blätter entfernen. Einen Topf mit Salzwasser aufsetzen, grüne Kräuter nach Angebot und Belieben hineintun und die Kohlsprossen darin 10 bis 12 Minuten kochen; wenn sie gar (aber nicht zu weich!) sind, in eiskaltem Wasser abschrecken.
- Für die Sauce einen Spritzer Balsamico, klein gehackte, getrocknete Chilischote, etwas Honig und klein gehackte aromatische Kräuter, Sojasauce und ein wenig Reiswein gut miteinander vermischen. Entweder Kaninchenkeule und Kohlsprossen damit übergießen oder als Dip in einem separaten Schüsselchen servieren.

3. GERICHT

Gebratene Jiaozi/Gyozas mit Kaninchenfülle

Zutaten

Jiaozi (siehe S. 140)
Entenschmalz
Reiswein
Sojasauce
Prise Zucker
Reisessig

Zubereitung

- Und weil jetzt noch aller Wahrscheinlichkeit nach eine ganze Menge Teigtaschen übrig bleiben, kann man noch ein gänzlich eigenständiges Gericht daraus machen, das so köstlich ist, dass es sogar in Japan zu einem der populärsten und besten Gerichte der so genannten Izakaya-Küche wurde, der Alltags- und Hausmannskost, die gerne in fröhlichen Bierlokalen serviert wird.

- In einer Pfanne einen Esslöffel Entenschmalz erhitzen, die Teigtaschen hineinsetzen. Traditionell werden Jiaozi oder Gyozas nur auf einer Seite gebraten, da dafür aber umso knuspriger. Nachdem die Teigtaschen ein bisschen angebraten sind, ein wenig Wasser in die Pfanne geben und mit einem Deckel verschließen. Dadurch werden die Jiaozi gleichzeitig gebraten und gedämpft, in etwa 8 bis 9 Minuten – je nach Größe, Dicke des Teiges und Menge der Fülle – sind sie fertig.
- In einer Pfanne bei großer Hitze eine Prise Zucker, Reiswein und Reisweinessig ringförmig mit Sojasauce aufgießen und schwenken. Teigtaschen dazugeben und die Sauce „einsaugen“ lassen. Man kann die fertige Sauce aber auch in eine Schale geben, die Jiaozis eintunken und so genießen.

Ibérico-Backen, rot geschmort, „Hong Shao"

Die „Hong Shao"-Methode – „Hong" bedeutet „rot", „Shao" so viel wie „kochen/brennen/schmoren" – ist in ganz China extrem populär, so populär, dass man sie salopp als das Wiener Schnitzel Chinas bezeichnen könnte. Das hat allerdings nichts damit zu tun, dass „Hong Shao" auch als Lieblingszubereitungsart Mao Tse-tungs in die Geschichtsbücher Eingang fand; vielmehr handelt es sich bei dieser Methode um eine bäuerliche Rezeptur, Mao stammte aus einer bäuerlichen Region in West-China und normalerweise schmeckt einem ja immer das, womit man aufwächst.
Traditionell wird „Hong Shao" nur mit Bauchfleisch zubereitet, ein derbes, fettes Gericht, das lange Zeit als „Arme-Leute-Küche" verschrien war. Simon hat die Zubereitung mit Schweinebacken ein wenig eleganter gemacht, deren Konsistenz einen größeren Genuss verspricht und die zweifellos zu den besten Stücken vom Schwein zählen. Außerdem wurde die ursprüngliche Rezeptur um zwei aromatische Elemente bereichert: Kardamom und getrockneter Chili.
Für dieses Gericht sollte – wenn möglich – Fleisch einer alten, edlen und fetten Schweinerasse wie Mangalitza, Maskenschwein, Turopolje oder eben das fantastische, schwarze Ibérico aus Spanien verwendet werden. Auch ist es sinnvoll, es in einer Portion von nicht weniger als einem Kilo zuzubereiten. Das reicht zwar für fünf bis sechs Personen, aber erst dann wird der Saft so richtig kräftig und gut. Mit einem halben Kilo Fleisch geht's notfalls auch, kleiner sollte die Portion aber auf keinen Fall sein.

Zutaten

0,5–1 Kilo Schweinebacken
Ingwer
Knoblauch
getrocknete Chilischoten
7–8 grüne Kardamom-Samen
Lorbeer und Wacholder
2 Sternanis
eine Zimtstange
weitere Gewürze nach Belieben
Hühnerfond (wenn vorhanden)
Reiswein oder Rotwein
Rapsöl oder Schweineschmalz
chinesischer Braunzucker
Salz, Pfeffer

Zubereitung

- Das Fleisch würfelig schneiden und in einen Topf mit kaltem Wasser legen, dort zum Reinigen aufkochen lassen, dann unter fließendem Wasser abwaschen, „damit das Blut und der Schmutz rausgehen".
- Rapsöl oder Schweineschmalz in einen Topf, eine Kasserole oder einen tiefen Wok geben und bei mittlerer Hitze darin die grob geschnittenen Gewürze (großes Stück Ingwer grob angedrückt, vier bis fünf Knoblauchzehen, in der Schale angequetscht) und Aromaten anrösten.
- Jetzt das Fleisch dazugeben und mit drei Esslöffel brauner Zucker (für ein Kilo Fleisch) überstreuen. Den Zucker in der Folge vorsichtig karamellisieren lassen, dezent salzen und pfeffern, damit man später noch die Möglichkeit zur Feinabstimmung hat.
- Mit ⅛ l Reiswein oder Rotwein ablöschen und mit Wasser oder Hühnerfond aufgießen, bis das Fleisch bedeckt ist. Aufkochen lassen, Hitze auf mittleres Niveau reduzieren, zudecken und brodelnd 1,5 bis 2 Stunden kochen lassen. Immer wieder kontrollieren, durchrühren und die Konsistenz der Sauce prüfen, bei Bedarf mit Wasser oder dunklem Reiswein (auch ersetzbar durch eine Rotwein-Weißwein-Mischung) aufgießen.
- Wenn die Sauce dann ganz sämig, cremig und reduziert ist, sind die Schweinsbackerln „Hong Shao" fertig. Achtung: Zimt und Sternanis nicht mitessen!

Kalbsfuß-Sulz mit Safran

Sulz wird in ganz China gern gegessen, je nach Region unterschiedlich gewürzt, allerdings sieht sie dort ein bisschen anders aus, als man es in Österreich gewohnt ist: Meistens wird sie aus gelben Sojabohnen und Schweinshaxe gemacht – und zwar mitsamt Knochen. Mit Stäbchen oder einem Löffel isst man sie dann gemeinsam aus einem einzigen, großen Gefäß.

Zutaten

Kalbsfuß
Schalotten oder Zwiebel (2–3 Schalotten, 1 Zwiebel pro Kalbsfuß)
aromatische getrocknete Pilze (Morcheln, Steinpilze, Shiitake)
Ingwer, aromatische Kräuter nach Belieben (eher „holzigere" wie Thymian, Lorbeer, Wacholder)
Pfefferkörner
Kohlgemüse (Brokkoli, Karfiol, Romanesco)
Chili
Safran
Sake/Reiswein
Rapsöl
Essig oder Limettensaft
Sojasauce
grüner Salat nach Belieben (idealerweise Rucola oder Wildkräutersalat/Mesclun)

Zubereitung

- Die Schalotten (oder Zwiebel) fein zerhacken und in Rapsöl anschwitzen, dann mit einem halben Liter Sake/Reiswein ablöschen. Den Kalbsfuß beim Fleischhauer in vier bis fünf Stücke zerschneiden lassen, damit man ihn schön in den Topf bekommt, unter fließendem Wasser säubern, die Borsten mit einem Feuerzeug abbrennen.
- Kalbsfuß zu den Zwiebeln geben und so viel Wasser eingießen, bis er bedeckt ist. Dann die Pilze, den grob gehackten Ingwer und die Kräuter dazugeben, ein paar Pfefferkörner dazu und ein wenig salzen (nicht zu viel, die Suppe wird stark reduziert und könnte leicht zu salzig werden). Alles zusammen etwa vier Stunden bei mittlerer Hitze sieden, Schaum immer wieder abschöpfen, der Fond soll klar und fein sein.
- Wenn das Fleisch gar ist (mit der Gabel ausprobieren), die Kalbsfuß-Stücke aus dem Wasser nehmen und den Fond durch ein Sieb in einen Topf gießen. Das Fleisch ablösen und fein hacken und wieder zurück in die Suppe geben, wieder zum Sieden bringen. Nun noch etwas Kohlgemüse (Brokkoli, Karfiol oder grüner Romanesco) in ganz kleine Stückchen zerteilen, in die Suppe geben und sieben bis zehn Minuten mitkochen. Ganz zum Schluss noch eine Chilischote und die Safranfäden je nach Geschmack – zehn bis 20 Fäden – dazugeben und noch eine Minute lang mitkochen.
- Dann die Suppe in kleine Formen gießen, Fleisch und Gemüse regelmäßig verteilen und vorerst bei Raumtemperatur abkühlen lassen (zu rasches Abkühlen im Kühlschrank würde die Sulz sauer werden lassen). Dann in den Kühlschrank stellen und ein paar Stunden durchkühlen lassen, die Sulz geliert aufgrund des ausgekochten Kalbsfußes ganz von alleine.
  Simon: „Ich hasse Gelatine, das finde ich ekelhaft."
- Zusammen mit ein bisschen grünem Salat servieren, beides mit ein wenig Essig oder Limettensaft und Sojasauce beträufeln, der Chili und der Safran geben dieser Sulz ihre ganz besondere Note.

Lammfilet auf uigurische Art

Das ist eine Art Lammfleisch zu würzen, die sich mehr oder weniger in ganz China durchgesetzt hat. Im Gegensatz zu Schwein, Huhn und Ente wurde Lamm ja nur von den turkmenischen Uiguren in der autonomen Region Xinjiang sowohl gezüchtet als auch gegessen. Mit den zahlreichen fahrenden Lokalen der uigurischen Straßenköche verbreitete sich diese Küche dann aber über das ganze Land. Der wirtschaftliche Aufschwung und die damit einhergehende verstärkte Globalisierung und Modernisierung trugen wesentlich zur wachsenden Popularität von Lamm- und Rindfleisch bei – wie in den vergangenen 20 Jahren in ganz Asien festzustellen war.
Das bestimmende Aroma dieses höchst interessanten Ragouts ist der Kreuzkümmel, auch Cumin genannt und mit dem vor allem in der ostösterreichischen Küche überaus gerne verwendeten Kümmel zwar verwandt, aber mit völlig anderem Geschmack ausgestattet. Die Küchen des östlichen Mittelmeerraumes, Indiens und des Nahen Ostens sind ohne dieses faszinierende Gewürz nicht vorstellbar, die Chinesen lernten es erst von den „Separatisten“ kennen, wie die Uiguren auch genannt werden.

Zutaten

1 Lammfilet
Salz, Pfeffer
Reiswein
Sojasauce
Kreuzkümmel
Ingwer
Knoblauch
Zitronengras
getrocknete Chilischote
Schalotten
Rapsöl
Kartoffel- oder Süßkartoffelmehl
Dashi (ein japanischer Algen-Fisch-Sud, im Asia-Shop als Pulver erhältlich)
Reiswein
Sesampaste
Honig

Zubereitung

- Das Lammfilet in Würfel von etwa zwei Zentimeter Seitenlänge schneiden. Salzen, pfeffern und mit etwas Reiswein sowie Sojasauce ganz kurz marinieren.
- Den Ingwer fein zerhacken, auch das Zitronengras und etwas Knoblauch fein zerhacken und gemeinsam mit dem getrockneten Chili und dem Kreuzkümmel in den Mörser geben. In dieser Mischung sollte ungefähr von jedem Gewürz die gleiche Menge enthalten sein (das ist ohnehin immer die Faustregel bei Gewürzmischungen), nur der Kreuzkümmel sollte doch deutlich überwiegen. Alles gemeinsam mörsern, wobei der Kreuzkümmel gebrochen, aber keinesfalls zu Staub zermahlen sein muss.
- Nun das Fleisch „durch das Öl gehen lassen“, wie man im Chinesischen sagt: zwei bis drei Zentimeter Rapsöl in den Wok geben und heiß werden lassen. Die Fleischwürfel in ihrer Marinade mit etwas Kartoffel- oder Süßkartoffelmehl stäuben. Das Fleisch nun ins sehr heiße Öl geben und sofort wieder mit einem Sieb abgießen – die Fleischwürfel sollten höchstens drei Sekunden im heißen Fett bleiben.
- Im leeren (aber noch öligen) Wok nun die Gewürzmischung kurz anrösten und mit einem sechzehntel Liter Reiswein und etwas Dashi-Fond ablöschen/aufgießen. Den Sud salzen, einen Kaffeelöffel Sesampaste darin auflösen, etwas Honig dazugeben und das Ganze zu einer schönen, konzentrierten Sauce einreduzieren und mit Sojasauce abschmecken.
- Jetzt erst das Fleisch dazugeben und in der Sauce schwenken. Eine nicht ganz einfache Übung, denn einerseits sollen die Fleischwürfel einen rohen Kern behalten, andererseits die Sauce nicht verbrennen, „es ist Gefühlssache“, sagt Simon. Und es ist ungemein köstlich, zart, saftig und so aromatisch, wie man Lamm sonst nur selten isst.
Die Mehlschicht dient sowohl zum Schutz des Fleisches als auch als Bindemittel für die Sauce.

Lammhals „Ossobuco“

Natürlich ist Ossobuco weder vom Lamm noch von dessen Hals, sondern vielmehr vom Kalb und da von der Keule. Aber die Idee ist dieselbe, nämlich einen Muskelstrang mit Knochen in Scheiben zu schneiden und langsam zu schmoren. Die Chinesen sagen ja, „lebendiges Fleisch schmeckt besser“, sie meinen damit Muskeln, die ständig bewegt werden, im Gegensatz zu Stütz-Muskulatur, wie etwa dem Lungenbraten. Und die Chinesen sagen auch, „du bist für mich das Fleisch neben dem Knochen“, wenn sie damit zum Ausdruck bringen wollen, dass jemand besonders wertvoll und liebenswürdig ist. Lammfleisch machten in Chinas Küstenregionen erst die Uiguren bekannt, die von der westlichen Grenze Chinas mit ihren fahrbaren Küchen in die Städte an der Küste kamen und hier ihre Lammgerichte zubereiteten. Abgesehen davon gibt es mittlerweile in jeder chinesischen Großstadt zumindest ein uigurisches Restaurant, das dann aber in erster Linie von Touristen moslemischen Glaubens besucht wird, „die Wenzhou-Chinesen essen Lamm leider nach wie vor nicht sehr gerne“.

Dieses Gericht ist sehr reichhaltig und schmeckt dank der vielen Knochen und Sehnen überaus intensiv – und je mehr man davon kocht, desto besser und intensiver wird es. Für das Lammhals-Ossobuco also am besten viele Freunde einladen.

Zutaten

Lammhals (beim Fleischhauer in 2 cm breite Stücke schneiden lassen, je mehr man macht, desto besser wird dieses Gericht)
Knoblauch
Salz
Zucker
Karfiol
Ingwer
Galgant
Kurkumawurzel
Zitronengras
Limettenblätter
frische Chilischoten
Korianderwurzel
weißer Pfeffer
Koriandersamen
Thai-Basilikum
mildes Currypulver
Shrimpspaste
Olivenöl
Reiswein
Kokosmilch (cremig)

Zubereitung

- Ingwer, Galgant, Kurkumawurzel, Zitronengras, Limettenblätter, Chilischoten, Korianderwurzel und Knoblauch fein hacken und von allem ein bisschen in den Mörser tun. Eine genaue Mengenangabe ist hier schwer möglich. Vorsicht ist aber nur bei Chili und Ingwer angebracht, „von allem etwa gleich viel“ ist nie verkehrt. Koriandersamen und weißen Pfeffer dazugeben und alles zu einer Paste mörsern. Ein ganz kleines Bisschen von der Shrimpspaste – riecht entsetzlich, schmeckt famos – dazugeben und vermengen.
- In einem Topf etwas Olivenöl heiß werden lassen und die Paste darin auf kleiner Flamme anrösten. Dann den Lammhals dazugeben, ganz kurz und nur ein bisschen anbraten, die Hitze erhöhen und etwa mit ⅛ l Liter Reiswein ablöschen. Mit Wasser aufgießen, dass das Fleisch bedeckt ist, drei Esslöffel cremige Kokosmilch dazutun, Thai-Basilikum und zwei Teelöffel mildes Currypulver für die Farbe dazugeben, dann salzen. Die Temperatur immer knapp unter dem Siedepunkt halten, den sich bildenden Schaum abschöpfen, dann den Topf zudecken und auf kleiner Flamme etwa zwei Stunden köcheln lassen. Bei Bedarf mit Wasser oder Reiswein aufgießen.
- Zehn bis 15 Minuten vor Fertigstellung den Karfiol in Röschen dazugeben und zugedeckt mitschmoren lassen. Wegen der hellen Gelbtönung wird hier keine Sojasauce verwendet, sondern nur zum Schluss mit Salz abgeschmeckt.

Lammkeule mit Lotoswurzel und Pastis

Auch dieses Gericht werden Sie so in traditionellen chinesischen Restaurants nie finden, es ist ein typisches ON-Gericht, ein bisschen Südfrankreich, gemischt mit ein bisschen China, und irgendwann dann zur Wiener Chinatown-Spezialität geworden.
Tatsächlich ist Lammfleisch im südöstlichen China selten und wird kaum zubereitet, das diesbezüglich erstklassige Angebot in Österreich einerseits und die Tatsache, dass Lamm hierzulande und überall sonst in Europa sehr beliebt ist, brachten Simon dieses zarte Fleisch aber näher.
Und dann wäre da die Lotoswurzel. Lotos ist in China nicht irgendeine Pflanze, sondern besitzt mythischen Stellenwert, Buddha machte sie, heißt es, zum Symbol unter anderem für Reinheit und Fruchtbarkeit. Beides ist nachvollziehbar, denn die Blätter der Lotosblume sind wasser- und schmutzabweisend, was die Wissenschaft schon seit längerem erforschte und wobei sie sich die „nanoskopische Struktur" der Blätter für die Konstruktion von Badezimmer-Ausstattungen abschaute. Und auch die Fruchtbarkeit liegt auf der Hand, wächst die Blume doch mit Vorliebe im schlammigen Grund der chinesischen Seen, wie zum Beispiel dem Westsee bei Simons Heimatstadt Hangzhou, wo sie am prächtigsten gedeiht. Lotos wird überaus vielfältig genutzt, die Samen werden für Süßigkeiten verwendet, die Blüten dienen der Zierde oder als Tee, die großen Blätter nimmt man als Regenschirm, wenn sonst nichts anderes da ist, und die Wurzel (eigentlich ein Rhizom) wird als Gemüse genossen oder in Zucker kandiert und gilt als besonders Kraft spendend, entgiftend, kühlend. Da das Lammfleisch als erwärmend gilt, verhilft diese Kombination zu neuer Balance.

Zutaten

Lammkeule
Olivenöl
Sternanis
großes Stück Ingwer
weißer Pfeffer
1 Zweig Thymian
1 Zwiebel
Pastis
Sake
Lotoswurzel
Salz
Prise Zucker

Zubereitung

- In einen Topf ein bisschen Olivenöl geben und heiß werden lassen. Den Sternanis, das Stück Ingwer – mit der flachen Seite des Messers grob angedrückt –, Thymian, ein paar Körner weißer Pfeffer, eine Zwiebel (ungeschält, halbiert) in den Topf geben und alles miteinander im Öl kurz anbraten. Dann die Lammkeule dazugeben und auf allen Seiten kurz anbraten, mit einem Stamperl Pastis (von Simon bevorzugte Marken: „51" oder „Ricard") ablöschen, damit kommt der Sternanis auch noch in flüssiger Form dazu.
- Jetzt mit einem ⅛ l Sake aufgießen, salzen, pfeffern, eine Prise Zucker dazugeben und aufkochen lassen, dabei den sich bildenden Schaum abschöpfen. Die Hitze nun auf eine mittlere Stufe reduzieren, zudecken und zwei Stunden schmoren lassen. Dabei aber immer wieder wenden und gegebenenfalls ein wenig Flüssigkeit nachfüllen.
- Nach zwei Stunden Schmoren dann die Lotoswurzel-Scheiben in den Topf geben und einfach noch eine Stunde mitschmoren lassen. Vor dem Anrichten eventuell noch mit etwas Pastis und Sake nachwürzen, „ich geb' am Schluss noch sehr gerne etwas Wein oder Likör dazu, der Alkohol verdampft sofort, aber das Aroma des Gerichts wird noch einmal aufgefrischt".
- Die Sauce dieser geschmorten Lammkeule ist besonders aromatisch, „irgendwo zwischen Suppe und Sauce angesiedelt, mit Reis dazu ist das herrlich"!

Ochsenschlepp in Rotwein und Vanille

Der Ochsenschlepp kommt der chinesischen Vorliebe für Fleisch am Knochen natürlich extrem entgegen – besteht er doch fast nur aus Knochen. Und die ideale Weise, ihn zuzubereiten, ist – überall auf der Welt – ihn langsam und stundenlang zu schmoren, auf dass all die guten Säfte vom Knochen in die Sauce übergehen, sie kräftig und gallertig machen. Simon macht den Ochsenschlepp trotzdem nicht „typisch chinesisch", sondern vermischt auch hier das Europäische mit dem Chinesischen zur ochsenschleppigen Synergie. Was allerdings absolut chinesisch ist, ist die Taro-Wurzel. Die zwar nicht aus China stammt, hier aber schon seit etwa 3000 Jahren kultiviert wird. Es handelt sich dabei um keine „echte" Wurzel, sondern um ein Rhizom, also den energiereichen Reservespeicher gewisser Pflanzen, die nach oben die Triebe und nach unten Wurzeln ausbilden. Dieses Rhizom ist stärkehaltig, womit es zu einer der wichtigsten Nutzpflanzen mit über einer Million Hektar Anbaufläche zählt. Der Geschmack von Taro ist zwar recht neutral, aber einerseits nimmt die mehlige Knolle jedes Aroma, das man ihr zur Verfügung stellt, gerne und dankbar auf (und davon hat dieses Gericht ja reichlich). Und außerdem bietet sie sich mit ihrer strahlend weißen Optik hier natürlich auch als traumhafter Kontrast an.

Zutaten

Ochsenschlepp, (pro Person zumindest ein großes Stück, insgesamt aber mindestens 4–5 Stücke)
½ Vanilleschote
Ingwer
frische Chilischoten
Misopaste
½ l Rotwein
Reiswein oder Brandy
4–5 Stk. Taro-Wurzeln
Salz, Pfeffer
Chinesischer Braunzucker
Sojasauce

Zubereitung

- Die Ochsenschlepp-Stücke in einen entsprechend großen Topf legen. Die halbe Vanilleschote der Länge nach mit dem Messer aufschlitzen, ein Stück Ingwer mit der flachen Seite des Messers andrücken, nach Belieben Chilischoten dazugeben. Einen halben Liter Rotwein eingießen, zwei Esslöffel Misopaste und 1 El Braunzucker dazugeben, umrühren, salzen und pfeffern. Das Fleisch mit den Aromaten für eine halbe Stunde marinieren, währenddessen immer wieder wenden.
- Dann den Topf auf den Herd stellen, so viel Wasser aufzufüllen, dass das Fleisch bedeckt ist und mit großer Flamme aufkochen, dann die Hitze reduzieren und den Topf zudecken. Alles zusammen köchelt und schmort jetzt ungefähr dreieinhalb bis vier Stunden vor sich hin, nachschauen und kontrollieren ist kein Fehler.
- Während der Garungsdauer reduziert sich die Flüssigkeit und wird zu einer kräftigen, dunklen, sämigen Sauce. Die Fleischstücke sind irgendwann nicht mehr bedeckt, das macht aber nichts, immer wieder wenden und die Sauce beobachten, sie verändert sich durch die Fleischsäfte und die gelösten Gallerte ständig.
- Nach etwa zwei Stunden Garungsdauer kann man die Taro-Wurzeln waschen und gibt sie ungeschält in den Topf. Man rechnet etwa eine Taro-Wurzel pro Person.
- Nach etwa dreieinhalb Stunden kann man probieren, ob sich das Fleisch schon vom Knochen löst – das Anzeichen dafür, dass der Ochsenschlepp fertig ist. Dann noch mit einem Schuss Reiswein oder etwas Brandy und etwas Sojasauce finalisieren. Der Ochsenschlepp schmeckt – wie immer – herrlich, die Taro vermittelt ein rauchiges, weihnachtliches Aroma.

Geschmorte Rehkalbsschulter mit Räucherspeck und Knollensellerie

Das klingt ja nicht sehr chinesisch. Ist es auch nicht, aber es sind heimische Top-Produkte, auf chinesische Art zubereitet. Wildbret ist in der Küstenregion Chinas völlig unbekannt, in den 1970er Jahren gab es nur die Unsitte, Vögel abzuschießen, weiß Simon. „Ich habe Wild erst hier in Österreich kennen gelernt, als ich mir in Mistelbach einmal einen Feldhasen besorgt habe. Ich dachte, mit ein bisschen Hausverstand werde das schon zu machen sein – und bin katastrophal gescheitert. Danach hab ich Wildbret zehn Jahre lang nicht angerührt ..." Mittlerweile schätzt Simon Xie Hong Geschmack und Konsistenz von Wildbret aber sehr, „gezüchtete Tiere bringen das nie in diesem Ausmaß!"

Zutaten

1 Rehkalbsschulter
3–4 daumendicke Schnitten Räucherspeck mit Schwarte
Sellerie
1 kleine Stange Zimt
Sternanis
Ingwer
Knoblauch
Lorbeer
Wacholder
mindestens 2 frische Chilischoten
Geflügelschmalz
dunkler Reiswein
Honig oder chinesischer Braunzucker
Sojasauce
Salz, Pfeffer

Zubereitung

- Die Sellerie schälen und in etwa gleich große Stücke wie den Speck schneiden, das Ingwer-Stück mit der flachen Seite des Messers grob andrücken, ebenso mit drei ungeschälten Knoblauchzehen verfahren, die Chilischoten hacken.
- Einen Esslöffel Geflügelschmalz in einen Topf geben, Speck, Sellerie und Gewürze dazutun und darin zart anbraten. Dann das Fleisch hineingeben, auf allen Seiten kurz anbraten und schließlich mit einem viertel Liter dunklen Reiswein ablöschen. Dezent salzen, pfeffern und einen halben Esslöffel Honig oder zwei Esslöffel braunen Zucker dazugeben und mit ein wenig Sojasauce würzen (vorsichtig, nachwürzen kann und muss man immer noch). So viel Wasser beigeben, dass das Fleisch damit bedeckt ist.
- Alles aufkochen lassen und dabei den Schaum immer wieder abschöpfen, bei mittlerer Flamme zugedeckt etwa zwei Stunden schmoren lassen und immer wieder kontrollieren und etwas Wasser nachgießen.
- Kurz vor dem Fertigwerden die Hitze erhöhen und die Sauce nach Bedarf noch mit Sojasauce würzen, im Ganzen servieren. Die Sellerie wurde durch das sanfte Schmoren zu einer Art Püree-Würfel, der den Saft perfekt aufgesogen hat, das Fleisch hat die Aromen der Gewürze und des Specks in sich aufgenommen – ganz große Aromen-Harmonisierung. Mit Stäbchen ist dieses Gericht aber wohl dennoch nicht so leicht zu essen, nachdem es aber auch eine österreichisch-chinesische Kreation ist, darf man hier getrost zu Messer und Gabel greifen.
- Statt der Rehkalbsschulter kann man übrigens auch Rehkeule nehmen, sie lässt sich genauso gut nach dieser Methode zubereiten.

Das Schwein mit der Maske

Die waldigen Hänge des Jauerlings, hoch über der Wachau gelegen, sind eigentlich bekannt für ihre fantastischen Äpfel und Birnen, sogar Marillen gibt es hier heroben – auf den besonders sonnigen Hängen – noch. Doch das, was da in den Freiluftgehegen von Gabi und Andreas Hawranek herumläuft, hat mit Apfel oder Marille definitiv wenig zu tun: fröhliche, dunkel-zottelige Tiere mit breiten Klauen und einem Gesicht, nun ja, mit einem Gesicht, wie man es zumindest bei Schweinen nicht gewohnt ist.
Vor sieben Jahren haben die beiden – Gabi Hawranek entstammt einer Familie von Schweinezüchtern, ist aber längst in Wien in der Baubranche tätig, Andreas renoviert alte englische Autos – damit begonnen, außergewöhnliche Schweine zu züchten: das chinesische Maskenschwein, alias „Meishan", und danach auch noch das nicht weniger exotische Maori-Schwein der Rasse „Kune Kune", das überhaupt wie aus einem „Star Wars"-Film entsprungen scheint.
Beim Meishan- oder Maskenschwein handelt es sich um eine Urform des Hausschweins, dieses Schwein gilt als besonders robust und widerstandsfähig gegen alle nur denkbaren Unbilden, aber auch als äußerst sozial. „Wir verkaufen sie am liebsten als Haustiere", gesteht Andreas Hawranek, aber geschlachtet wird seit drei Jahren natürlich auch. Immerhin erweisen sich die Maskenschweine als recht fortpflanzungsfreudig und mehr als die 40 Tiere, die die beiden Hobbyzüchter derzeit in ihren Ganzjahres-Freiluftgehegen halten, gehen sich auf ihrem Grundstück einfach nicht aus.
Als Gabi Hawranek irgendwann wieder einmal im ON zu Gast war, erzählte sie Simon von ihren Schweinen und fragte, ob ihn als chinesischer Koch das Fleisch des Maskenschweins nicht interessieren würde. Und natürlich tat es das – im Freien, in sozialem Umfeld und völlig stressfrei aufgewachsene Tiere, extrem langsam gewachsen (Andreas Hawranek: „Geschäft ist es keines, eher eine Liebhaberei"), nur mit ein wenig Schrot zugefüttert und nur 15 Minuten von einem kleinen Schlachthof im nächsten Dorf entfernt – das beste Fleisch, das man sich nur vorstellen kann. Dunkler, als man Schweinefleisch normalerweise kennt, fester und auch fetter, „besonders interessant schmeckt es im Sommer, wenn die Schweine Löwenzahn fressen", verrät Simon.
Seine liebste Zubereitungsmethode für dieses besondere Schweinefleisch ist – wie könnte es anders sein – das Schmoren, „und das ist auch gut so", sagt Andreas Hawranek und grinst dabei, „weil es braucht auch ganz schön viel länger ..."

Herz, Leber, Lunge, Nieren, Bries und Milz sind ein heikles Thema, nicht jeder schätzt den Reiz dieser Spezialitäten. Die Chinesen lieben Innereien, bereiten sie allerdings so zu – zu steinharten Brocken gegart –, dass sie den Österreichern wohl kaum schmecken würden. Dass es auf diesem Gebiet aber auch viele Gemeinsamkeiten gibt, erfuhr Simon, als er kurz nach seiner Ankunft in Österreich in einem Wiener Beisl Hirn mit Ei auf der Karte stehen sah – eine Kombination, die man in China zwar anders zubereitet, aber genauso liebt. Simon: „Dass sich Chinesen und Wiener einmal so ähnlich sind – ich war den Tränen nahe."
Sowohl bei den Zutaten als auch bei der Zubereitung ließ sich Simon in diesem Bereich also stark und gerne von der Tradition der Wiener Innereien-Küche inspirieren, zum Thema geröstete Leber oder Leberknödel fließen die Ideen nur so ... Der mehr oder weniger moralische Aspekt, Innereien zu essen, um das ganze Tier sinnvoll zu verwerten – Stichwort „from nose to tail" –, ist dabei allerdings zweitrangig – denn das ist für den Chinesen ohnehin selbstverständlich. Allerdings wurden die guten Sitten durch Neureichtum zerstört. Ein Reiskorn übrig zu lassen, galt bis Mitte der 1970er Jahre noch als Geste der Verachtung gegenüber Fleiß und Schweiß der Bauern.

INNEREIEN

Chinesisches Kalbsbeuschel im „Bao“-Stil

Die Zubereitung namens „Bao“ findet man hauptsächlich in der kantonesischen Küche, es handelt sich dabei um ein Mittelding aus Braten, Dünsten und Schmoren in einem Tontopf. Bei diesem speziellen Rezept kommt außerdem noch eine vierte Garmethode dazu, nämlich das Blanchieren, was den Chinesen in uns natürlich besonders freut.

In China isst man Lunge übrigens sehr gern, allerdings immer mit einem gewissen Biss, nicht so durchgegart wie beim Beuschel (wo für den Biss eher das Kalbsherz sorgt) hier bei uns. Die Zubereitung nach der Bao-Methode erlaubt es aber natürlich, die Kalbslunge je nach Wunsch und Geschmack länger oder kürzer zu garen.

Dieses Rezept ist jedenfalls eine Variante, bei der dieses „Beuschel“ besonders flaumig wirkt, Tofu und Lunge eine ganz ähnliche Konsistenz bekommen. Und letztlich saugen beide Bestandteile dieses Gerichts ganz wunderbar die Sauce auf, ein kompakter, dichter Geschmack entsteht, gewürzt von der prickelnden, kühlen Schärfe der getrockneten Chilis.

Zutaten

Kalbslunge (diese Zubereitung gelingt am besten, wenn man ein Viertel Lunge nimmt)
Ingwer
Schalotten
Lorbeer
getrocknete Chilischoten
Tofu
Reiswein
Rapsöl
Zucker
½ l Fond (Geflügel, Rind, Gemüse)
Stangensellerie
Sojasauce
Salz, Pfeffer

Zubereitung

- Etwa zwei Liter Wasser in einen Topf füllen, ein Stück Ingwer, etwa drei Schalotten, Lorbeer und 1/8 Liter Reiswein dazugeben.
- Die Kalbslunge in grobe Stücke schneiden, gemeinsam mit den Gewürzen ins kalte Wasser legen, kochen lassen und im Wasser immer wieder ausdrücken (mit Kochlöffeln), um den Schleim aus den Lungenbläschen herauszubekommen.
- 10–15 Minuten ankochen, dann das Fleisch aus dem Wasser nehmen und unter fließendem Wasser waschen, ausdrücken und in Würfel schneiden. Ungefähr die gleiche Menge an frischem Tofu in etwa gleich große Stücke schneiden.
- Den Wok mit einem Esslöffel Rapsöl benetzen und stark erhitzen, den Ingwer und die Schalotten (beide in grobe Streifen geschnitten) sowie eine Handvoll getrocknete Chilischoten in den Wok geben. Alles schön anrösten, bis graublauer Dampf aufsteigt, das ist der richtige Moment, um die Lungen- und die abgetropften Tofu-Würfel dazuzugeben. Alles schwenken und mit dem Kochlöffel umrühren, damit Fleisch und Tofu von allen Seiten schön angebraten werden.
- Zwei bis drei Minuten braten, erst dann salzen und pfeffern, sonst zieht das Salz zu viel Wasser aus der Kalbslunge und das typische Wok-Braten ist nicht mehr möglich. Noch eine Prise Zucker dazu, ständig rühren, dann 1/8 Liter Reiswein ringförmig in den Wok gießen (ringförmig deshalb, um nicht eine einzige Stelle des Woks durch die Flüssigkeit abzukühlen) und danach ½ Liter Fond (Geflügel, Gemüse, Rind) ebenfalls ringförmig eingießen.
- Die gesamte Flüssigkeit mit Lunge, Tofu und den Aromaten nun in den Tontopf gießen, noch mit etwas Sojasauce und Reiswein würzen und eine halbe Stunde bei kleiner Hitze darin schmoren lassen, damit sich die Aromen verbinden können. Immer wieder kosten und probieren, notfalls etwas Flüssigkeit (Fond oder Wasser) nachgießen.
- Der Tofu lockert dieses Gericht auf, macht es luftig, leicht und bekömmlich. Wie man Tofu in China generell gern verwendet, gerade um die nicht so ganz leicht verdaulichen Innereiengerichte ein wenig aufzulockern.
- Kurz vor Fertigstellung mit klein gehacktem Herz von Stangensellerie verfeinern, mit Sojasauce und Reiswein abschmecken.

Kalbsherz aus dem Wok

Herz ist natürlich ein absolut faszinierendes Stück Fleisch. Eigentlich keine klassische Innerei, da nicht aus Drüsengewebe, sondern der trainierteste Muskel, den ein Körper haben kann, völlig fettfrei und von einzigartiger Konsistenz. Und dann ist da beim Herzen natürlich die symbolische Bedeutung, über die man zwar gerne hinwegsieht, die in China aber eben keinesfalls zu missachten ist.
„Wenn du ein Problem mit dem Herzen hast, iss Herz", lautet somit das chinesische Motto (und dieses Motto bezieht sich keinesfalls nur auf Herz), wobei mit Herzproblemen weder Liebeskummer noch Rhythmusstörungen gemeint sind, sondern Ängste und Sorgen im weitesten Sinn. „Das ist natürlich purer Aberglauben", meint Simon und erzählt, dass Herz – zumeist von Schwein oder Huhn – endlos und zu harten Stücken gedämpft, mit Ginseng süß mariniert und in Reiswein eingelegt angeboten wird, „es ist grässlich, aber man isst es ja auch nicht zum Vergnügen, sondern als eine Art Medizin". Simon bereitet Kalbsherz zu, das absolut Vergnügen macht, besonders, wenn es im Wok gegart wird. Wobei man sagen muss, dass das schon die hohe Schule des Wok-Bratens ist und ein hohes Maß an Gefühl verlangt. Vielleicht nicht das ideale Rezept, um seine ersten Wok-Erfahrungen zu machen.

Zutaten

1 Kalbsherz
Salz, Pfeffer
Zucker
Reiswein
Kartoffelmehl
Rapsöl
Sojasauce
Ingwer
Chili
1 Jungzwiebel
Korianderstängel und -wurzel und knackiges Gemüse nach Belieben (also zum Beispiel Paprika)
Zitronengras
Szechuanpfeffer
fermentierte Schwarzbohnen, eingeweicht in Wein oder Öl (ca. 10 Minuten)

Zubereitung

- Das Herz säubern, die Fettauflage abschneiden, das Herz halbieren und die Aorta säuberlich entfernen. Das Fleisch gut waschen und gestocktes Blut sorgfältig entfernen. Dann das Herz in kleinfingergroße Stücke schneiden und mit Salz, Pfeffer und einem Schuss Reiswein kurz marinieren. Mit einem halben Löffel Kartoffelmehl das Fleisch ganz dünn bedecken, das dient später im Wok dazu, dass sich eine hauchdünne Schutzschichte bildet. Etwa fünf Minuten marinieren.
- Den Wok erhitzen und etwas Rapsöl eingießen. Ingwer und Chili in Streifen schneiden, Jungzwiebel, Korianderstängel und -wurzel klein schneiden, Paprika in Streifen schneiden. Alles gemeinsam mit grob gehacktem Zitronengras, etwas Szechuanpfeffer und einem Teelöffel fermentierter Schwarzbohnen in den Wok geben und bei reichlich Hitze kurz anrösten. Dann die Herzstreifen aus der Marinade nehmen und auch in den Wok geben. Kräftig schwenken und rühren, bis die Streifen außen schön braun angeröstet sind. Mit etwas Salz, Pfeffer und ein wenig Zucker finalisieren, Reiswein bei großer Hitze ringförmig eingießen, mit etwas Sojasauce abschmecken und immer den Garungszustand des Fleisches beobachten, es muss unbedingt rosa sein.

Kalbskopf „Lu-Style“

„Lu-Style“ ist vor allem in der Küstenregion eine überaus populäre Zubereitungsart. In den 70ern und 80ern, als die wirtschaftliche Öffnung langsam bemerkbar wurde, nahm die Beliebtheit dieser Rezeptur stark zu und „Lu“ war im Alltagsleben sehr häufig anzutreffen: Bei spezialisierten Imbiss-Ständen und in Lu-Lokalen mit riesigen Suppentöpfen, aus denen man wählen kann, worauf man gerade Lust hat, Schweinsdarm, Kopf, Zunge ...

„Lu-Style“ ist eine sehr spezielle Zubereitung, ein Mittelding zwischen Schmoren und Kochen, offen und ohne Deckel, Lu-Gerichte sind zwar immer ganz durchgegart, aber nie zerfallend oder mürbe, perfekt etwa für Hühnermagen, Rindersehne oder Schweinekopf – „Kalbskopf als Zutat hab ich erst in Österreich kennen gelernt, von der Konsistenz ist er ähnlich wie Schweinekopf, schmeckt mir aber besser ...“

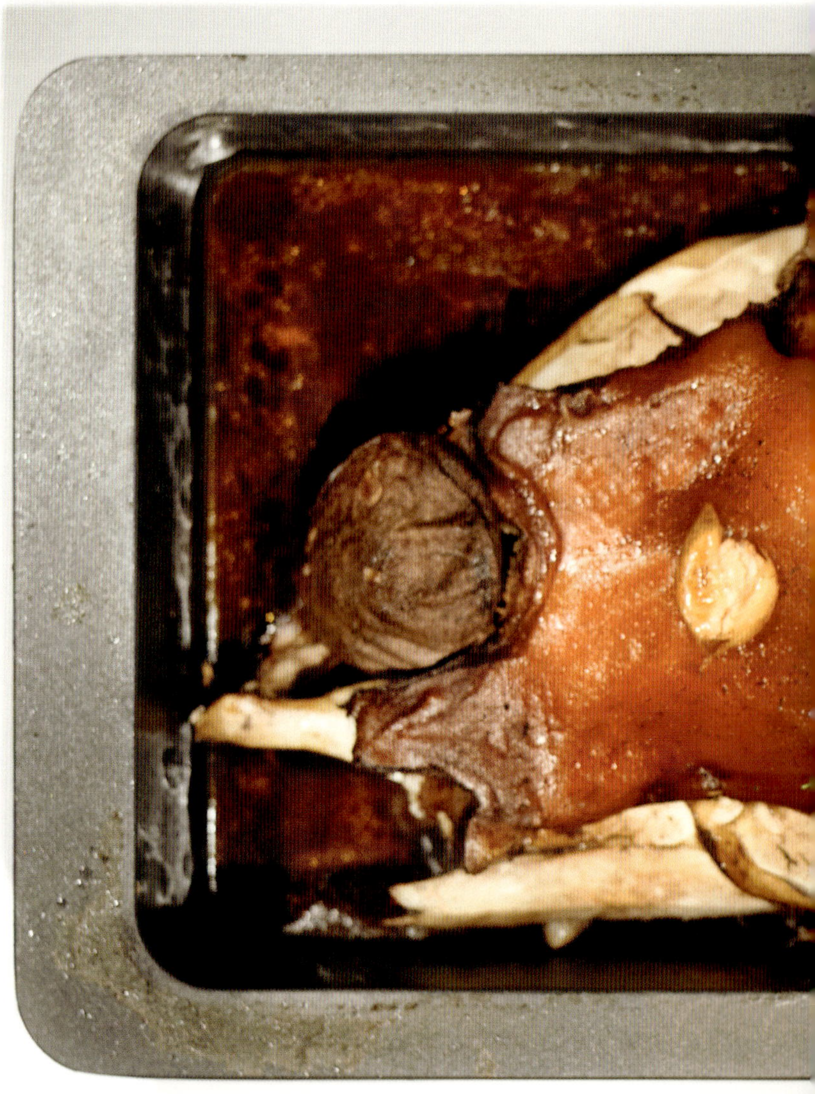

Dieses Gericht erscheint für das, was am Schluss dabei herauskommt – eine köstliche Fleischroulade, die man in Scheibchen schneidet – freilich etwas aufwändig und vor allem langwierig (die Bohnen brauchen sechs Stunden, der Kalbskopf insgesamt auch nicht weniger). Aber erstens macht sich dieses Gericht quasi von allein und zweitens weiß man die Prozedur in dem Moment zu schätzen, wenn man die Roulade zum ersten Mal probiert.

Zutaten

½ Kalbskopf
gelbe Sojabohnen
Lu-Gewürzmischung (fertig zu kaufen, besteht aus Nelke, Zimt, Kreuzkümmel, Sternanis, Szechuanpfeffer ...)
1 Jungzwiebel
Lauch
grüne Kräuter (nach Belieben und Angebot)
Schalotte
Ingwer
Hühnerfüße (wenn vorhanden, kein Muss)
brauner chinesischer Zucker
Sojasauce
Reiswein oder Rotwein bzw. auch Weißwein
Salz
1 EL Pfefferkörner

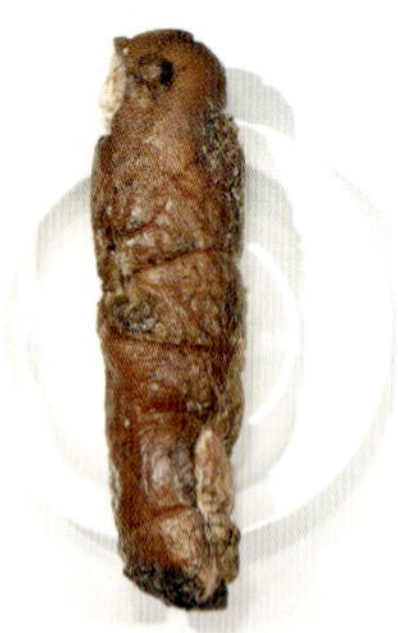

Zubereitung

- Zuerst die gelben Sojabohnen fünf bis sechs Stunden wässern.

- Dann Wasser in einen großen Topf oder Bräter geben, den Kalbskopf mit der Schwartenseite nach unten hineinsetzen, dazu kommen Jungzwiebel, Lauch, frische Kräuter fürs Aroma, ein großes Stück Ingwer (mit der flachen Seite des Messers grob angedrückt), eine ganze Schalotte mit Schale, Hühnerfüße („um die Geleeartigkeit der Suppe noch weiter zu unterstreichen"), ⅛ l Weißwein oder Reiswein, vier Suppenlöffel brauner Zucker, ein kleiner Löffel Salz, die Lu-Gewürzmischung, die Pfefferkörner und ⅛ l Sojasauce. „Lu ist nämlich immer schön dunkel".
- Diese Suppe zum Siedepunkt bringen und 20 Minuten köcheln lassen. Dann den Kopf umdrehen, den Schaum immer wieder von der Suppe abschöpfen, um die Sauce zu „reinigen".
- Nun ist der Zeitpunkt gekommen, die Sauce zu kosten und, je nachdem, noch etwas Zucker oder Sojasauce dazuzugeben. Die gewässerten Bohnen beigeben und dann insgesamt noch an die zwei Stunden sieden lassen, bis die Sauce eine dicke, konzentrierte Essenz geworden ist. Ständige Kontrolle ist hier leider unumgänglich, sollte die Sauce zu dick werden, immer wieder Flüssigkeit dazugeben.
- Nun den Kalbskopf aus dem Bräter nehmen und mit der Hand auslösen. Das geht ganz leicht, aufpassen muss man nur bei der sehr stabilen Haut am Gaumen, diese vorsichtig entfernen.
- Die Bohnen aus der Sauce nehmen und beiseite stellen. Dicke, kompakte Wangenstücke in schmale Scheiben schneiden und mit kleineren Stücken des Kalbskopfes auf der abgelösten Schwarte verteilen. Das Ganze auf Frischhaltefolie legen, einrollen und mit Spagat fest zusammenbinden – eine Roulade machen.
- Diese dann bei Zimmertemperatur auskühlen lassen und erst dann in den Kühlschrank geben, zumindest vier bis fünf Stunden durchkühlen lassen, dadurch erst wird die Roulade so richtig kompakt.

- Die Roulade in kaltem Zustand in dünne Scheiben schneiden, die Bohnen aufwärmen und die Scheiben entweder auf den Bohnen ein bisschen mitwärmen oder in kaltem Zustand darauflegen.
- Das Gericht erinnert ein bisschen an Ente – zarte Schwarte mit feinem Biss und cremig-kompaktes Fleisch. Ein kleines Gericht, das aber zweifellos einer der Höhepunkte einer festlichen Tafel sein wird.

- Das Rezept funktioniert übrigens auch mit Schweinskopf, Lammstelze, Schweinsstelze oder Kalbsstelze. Und der Lu-Style ist auch eine ideale Zubereitungsart für Wadschunken im ganzen Stück.

Kalbsleber mit kandierten Datteln

Leber wird in Chinas Küstenregion gerne gegessen, selten aber als „Hauptspeise“, sondern eher als Vorspeise. Sorgsamer Umgang und zartrosiges Braten ist der chinesischen Köche Sache aber nicht, die Leber wird meistens stundenlang nach der „Lu-Methode“ geschmort, bis sie ein harter Klumpen ist, dann in dünne Scheibchen geschnitten und geknabbert; „Leber wird in der chinesischen Küche sehr, sehr schlecht zubereitet, das hat mir nie geschmeckt“, erst in Europa lernte Simon die interessanten Seiten dieser Innerei kennen. Dazu kommt, dass in China fast ausschließlich Leber vom Huhn oder vom Schwein verwendet wird und Kalb als Fleischlieferant nahezu unbekannt ist. Klar, einerseits ist der Genuss des zarten Fleisches des jungen, noch nicht ausgewachsenen Rindes ein keineswegs selbstverständlicher Luxus, an den wir uns in Europa aber einfach schon gewöhnt haben; und andererseits existiert in China keine Milchwirtschaft, was Kälber als deren „Nebenprodukt“ ebenso ausschließt.
Um den – auch beim Kalb – kräftigen Geschmack der Leber ein wenig abzupuffern und mit einem interessanten Kontrast zu versehen, greift Simon zu kandierten Datteln und Chili, ganz nach dem Vorbild heimischer Wildgerichte, die traditionell ja auch gerne mit Preiselbeeren serviert werden, „aber das ist mir zu süß“. Früchte geben der Leber eine interessante, elegante Note, auch mit Birnen hat Simon diesbezüglich schon interessante Erfahrungen gemacht.

Zutaten

Kalbsleber, in fingerdicke Stücke von vier mal vier Zentimetern geschnitten (pro Person zwei bis drei Stück, je nach Verwendung als Hauptgericht oder im Rahmen eines chinesischen Menüs)
1–2 Datteln pro Person
buntes Gemüse (Pfefferoni, Strunk von Pak Choi oder Chinakohl)
Kirschtomaten nach Belieben
Ingwer
Chili
Reiswein
Cognac oder Sherry oder Süßwein
Salz, Pfeffer
Zucker oder Honig
Sojasauce
Rapsöl

Zubereitung

- Die Leberstücke nur ganz wenig salzen, pfeffern und mit ein paar Tropfen Sojasauce knapp 1 Minute marinieren.
- Öl in den Wok geben, stark erhitzen, den in grobe Scheiben geschnittenen Ingwer und eine halbierte Chilischote hineingeben, danach die Leber auf beiden Seiten anbraten – durchaus ein bisschen länger, zumindest, bis die Stücke eine braune Kruste bekommen.
- Dann die Datteln – entkernt und geviertelt – dazugeben und das in Streifen geschnittene Gemüse sowie die Kirschtomaten ebenfalls in den Wok geben. Erst jetzt schwenken und rühren. Noch mit etwas Zucker oder Honig verfeinern und braten, bis das Gemüse gar ist.
- Nun noch mit Salz und Pfeffer würzen, ein wenig Reiswein ringförmig in den Wok eingießen, mit Sojasauce abschmecken und zum Schluss bei großer Hitze noch mit etwas Cognac, Sherry oder Süßwein ablöschen, sodass der Alkohol sofort verdampft.

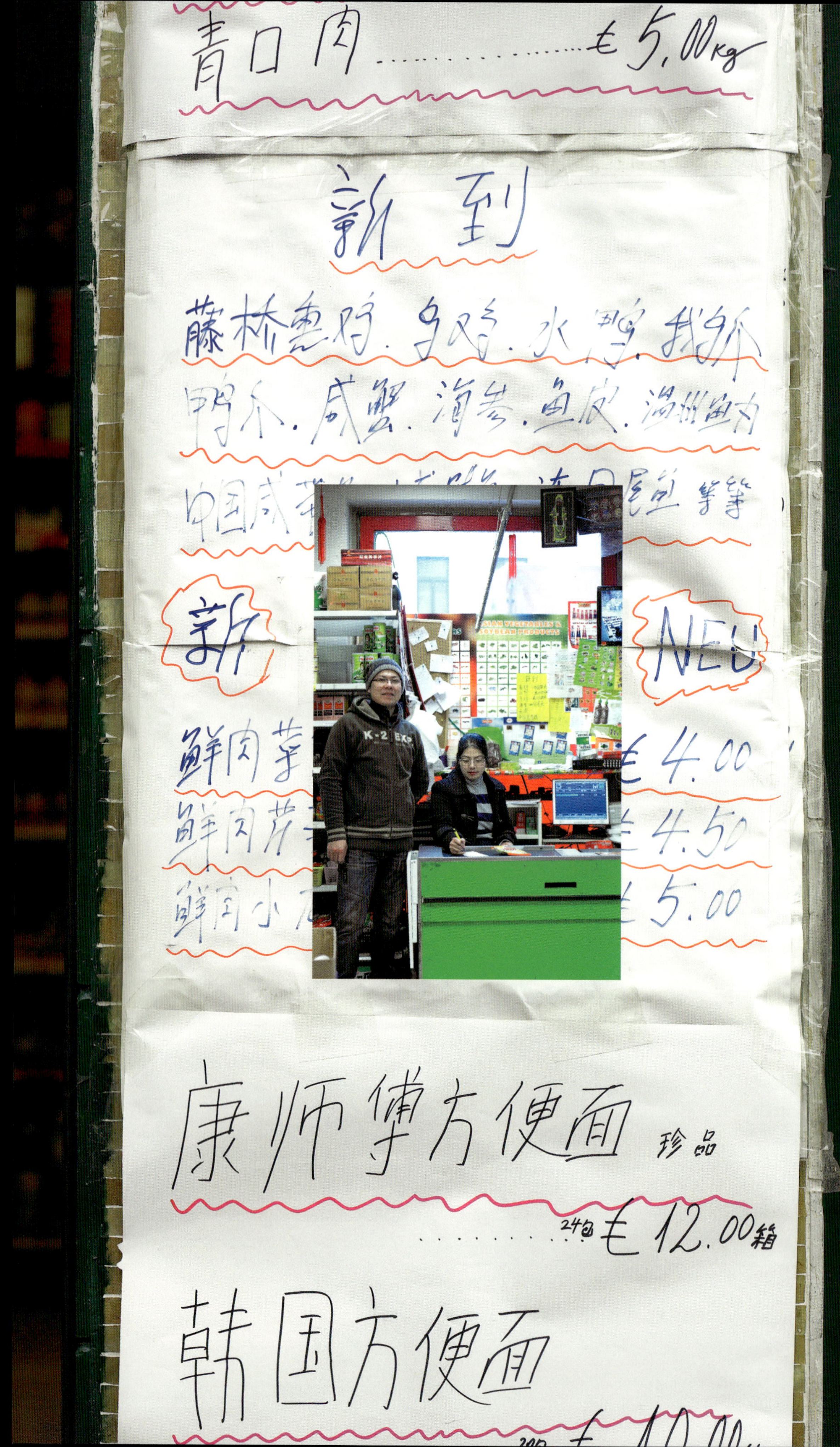
青口肉 € 5,00 kg
新到
新
NEU
€ 4.00
€ 4.50
€ 5.00
康师傅方便面 珍品
24包 € 12.00 箱
韩国方便面

Der Laden: Chao Yang

Will man chinesisch kochen, braucht man chinesische Produkte. Und auch wenn es fürs Gelingen egal ist, woher der Ingwer, die Frühlingszwiebeln oder die Karotten stammen, ein paar der wichtigen Zutaten müssen authentisch sein, und da hat Simon seine Quellen. Zum Beispiel den kleinen China-Laden von Frau Hu Yao Yao und Herrn Sun Li Yong, beide wie Simon aus Wenzhou. Seit nunmehr elf Jahren führen die beiden ihr Geschäft an der Rechten Wienzeile, dort, wo Wiens Chinatown erst zu erahnen ist, wo der Autoverkehr noch die Vorherrschaft über das quirlige Leben besitzt.
Aber dass es hinter der Türe des „Chao Yang"-Ladens exotisch zugeht, daran kommt auch hier am Rand von Wiens Chinatown keinerlei Zweifel auf: Schriftzeichen, die für den Mandarin-Unkundigen unlesbar und geheimnisvoll sind, verkünden den Ladennamen ebenso wie Sonderangebote oder Produktbezeichnungen. Als „Langnase" kann man da nur staunen. Enge Regale, dicht bestückt mit Saucen, Gewürzen, Fertiggerichten, Nudeln und so ziemlich allem, was sich in China, Taiwan, Korea und Japan in Dosen packen und in Fläschchen füllen lässt. Aber auch jede Menge chinesische Tees, Küchenutensilien wie Bambuskörbe zum Dim-Sum-Dämpfen oder die unverzichtbaren Beilmesser bis hin zu Fragwürdigkeiten wie einem Schwalbennester-Softdrink in der Dose oder kleinen Taschenkrebsen – lebendigen natürlich …
Simon sagt, er kauft hier hauptsächlich die frischen Sachen, spezielle Gemüse und Kräuter, die mittlerweile in Ungarn angebaut werden und frisch in Wiens China-Shops geliefert werden, aber auch Basisprodukte für seine Küche wie Tofu, Reiswein und Reis. Und natürlich –

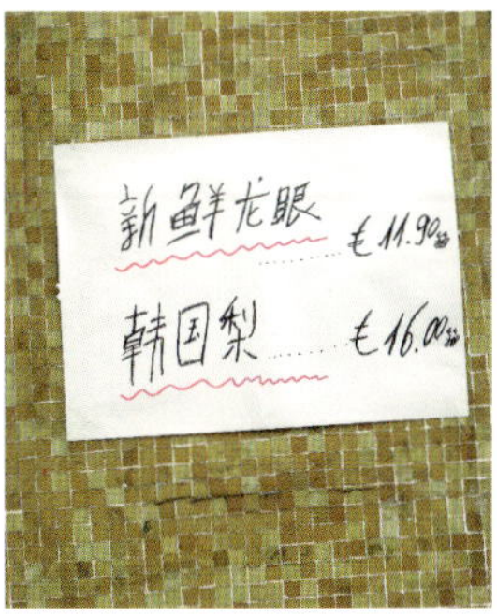

je nach Angebot – immer auch ein paar Spezialitäten aus der Tiefkühl-Schatztruhe von Frau Hu; das Schwarze Huhn zum Beispiel, das hier neben Hühnerfüßen, Entenfüßen, Schweinedarm, Rindersehnen oder den ganz speziellen Wenzhou-Muscheln, die sie natürlich auch hat, auf fachgerechte Verwendung wartet.
Am Anfang seien nur Chinesen einkaufen gekommen, lacht Frau Hu, schön langsam werden es aber auch immer mehr Österreicher, „Simon hat Werbung für uns gemacht". Dass es zu solchen Irrtümern kommt wie bei jenem Herrn, der eines Tages eine chinesische Wintermelone alias Wachskürbis kaufte, in der Hoffnung, eine reife Wassermelone genießen zu können, kann man angesichts eines solchen Angebots an Exotika natürlich nie ausschließen. „Ich sah sie schon an der nächsten Ecke im Mistkübel liegen", sagt Frau Hu und lacht wieder …

CHAO YANG, Asia-Shop Lebensmittel
Rechte Wienzeile 47, 1050 Wien, Tel. 01/585 11 10, Mo–Fr 8.30–17, Sa 8–18.30 Uhr

朝阳超市

Chinatown, Vienna

Der Privatdetektiv Jake Gittes, in Roman Polanskis grandiosem Film *Chinatown* mehr als überzeugend dargestellt vom jungen Jack Nicholson, lässt keinen Zweifel offen: In Chinatown herrschen eigene Regeln, wenn man sie kennt, weiß man, dass man sich rauszuhalten hat. Wenn man sie nicht kennt, lernt man sie rasch kennen. Chinatown ist der Inbegriff der Unregierbarkeit, des Agierens unter der Oberfläche, der Geheimnisse und der Korruption. In diesem Film aus dem Jahr 1974, der im Kalifornien der späten 30er-Jahre spielt, geht es um die Chinatown von Los Angeles, bis heute nicht unbedingt der ungefährlichste Platz in dieser großen Stadt, aber Chinatowns gibt es überall auf der Welt. Sie entstanden zumeist Mitte des 19. Jahrhunderts, als Millionen Chinesen ihre Heimat verließen, um in den USA, in Australien, in Europa, Südamerika oder anderen Teilen Asiens Arbeit zu finden und überleben zu können. Millionen Menschen waren das, und wie alle Einwanderer hielten sie zusammen, sprachen ihre Sprache, pflegten ihre Kulturen und Religionen, kochten ihre Speisen. Und anders als die anderen Einwanderer-Ghettos dienten die Chinatowns fast nie als Zwischenstation, die es den Ankömmlingen in ein, zwei Generationen ermöglichte, die regionalen Gepflogenheiten kennen zu lernen und teilweise zu den eigenen werden zu lassen – Stichwort „Integration". Vielmehr entwickelten die Chinesen-Viertel mit der Zeit einen immer ausgeprägteren Charakter, der bis hin zur Quasi-Autonomie reichte, Chinatowns stellten oftmals völlig eigenständige Städte in den Städten dar, denen man gestattete, ihre Dinge intern zu regeln.

Die berühmteste Chinatown der Welt ist zweifellos jene in San Francisco, in der nicht nur Straßennamen auf Chinesisch angeschrieben sind, sondern sogar Fast-Food-Konzerne ihre Hamburger speziell „chinesisch" zubereiten. Chinatown in San Francisco wurde schon vor langer Zeit zur Touristenattraktion, an jeder Ecke werden Souvenirs, Gewürze oder Glücksbringer verkauft und niemand, der hierherkommt, empfindet da heute noch ein Gefühl der Bedrohlichkeit, die Exotik wurde längst zum touristischen Schauspiel. Zumindest in den – für amerikanische Verhältnisse extrem engen – Hauptstraßen. In den Nebenstraßen und Gasserln, nur wenige Meter entfernt, dort, wo sich geleitete Reisegruppen aber kaum hinverirren, dort ist die Fremdartigkeit echt. Dort versteht man kein Englisch. Und dort werden auch keine Hamburger gebraten oder gegessen, nicht einmal chinesisch zubereitete.

Österreich ist zwar kein klassisches Einwanderungsland für Chinesen, dennoch leben hier Schätzungen zufolge etwa 30.000 chinesische Staatsbürger, mehr als die Hälfte davon in Wien. Wie viele

Österreicher chinesischer Herkunft, also Einwandererkinder zweiter oder dritter Generation, es in Österreich gibt, weiß die Statistik zwar nicht, aber wenn man entlang der Rechten Wienzeile schlendert, zwischen Pressgasse und Kettenbrückengasse, oder in die Kettenbrückengasse einbiegt, oder rüber zur Linken Wienzeile zwischen Köstlergasse und Joanelligasse, bekommt man schon den Eindruck, dass es eine nicht unwesentliche Bevölkerungsgruppe ist. Und dass sich eine Art Wiener Chinatown hier nicht erst zu entwickeln beginnt, sondern auf diesem Weg schon recht weit fortgeschritten ist.

Asia-Shops, kleine und große, ein China-Zentrum mit speziellen Boutiquen und Friseur, ein chinesisches Reisebüro, ein Laden, in dem man chinesische Magazine, Bücher und Videos bekommt, noch ein Friseur, noch ein paar Asia-Shops, Restaurants, Restaurants, Restaurants, und plötzlich bemerkt man, dass auch der Handy-Shop chinesisch angeschrieben ist, dass sowohl Kunden als auch Berater allesamt Chinesen sind ...

Wiens Chinatown ist subtil und unauffällig, und auch wenn angeblich irgendwann einmal überlegt wurde, die Mündung der Kettenbrückengasse in die Rechte Wienzeile mit einem „Paifang“ zu versehen, dem Chinatown-typischen, chinesischen Tor, so muss man wirklich erst einmal genau hinschauen, dass man bemerkt, wie chinesisch Wiens Chinesenviertel tatsächlich schon ist. Vor allem die jungen Leute, die hier in den großen, hellen, modernen China-Shops einkaufen, fallen ja kaum auf, reden untereinander meistens deutsch, so wie sie es von klein auf in der Schule lernten und mit all ihren Freunden sprechen, tragen Jeans, Daunenjacken, Turnschuhe wie alle anderen. Der Unterschied fällt eigentlich erst auf, wenn man einen Europäer vor den Regalen stehen und die Vielzahl der Saucen studieren sieht, da ist man dann plötzlich irritiert ...

Und warum gerade hier? Das kann niemand so wirklich sagen. Eher exotische Geschäfte und Restaurants gab es im Umfeld des Naschmarktes immer schon, das Restaurant Nanking etwa, das nur für chinesische Reisegruppen öffnet und daher lange einen mythischen Ruf als quasi unerreichbarer Hort wahrhaftig authentischer China-Küche besaß.

Und abgesehen davon, dass der Naschmarkt mit seiner ganz speziellen Mischung aus einerseits kosmopolitischer, andererseits urwienerischer Szenerie ein gutes Umfeld für China-Shops und -restaurants zu sein schien, siedeln sich Chinesen nun mal gerne dort an, wo auch schon andere Chinesen sind – das Chinatown-Phänomen. Mitte der 90er-Jahre wurden die Shops dann jedenfalls mehr, die Chinadichte größer, und mittlerweile sind Rechte Wienzeile und Kettenbrückengasse eigentlich lückenlos chinesisch.

Das Hua Lian, zum Beispiel: ursprünglich ein kleiner, gut sortierter China-Laden am Anfang der Kettenbrückengasse, der primär chinesische Spezialitäten, Konserven, Frischgemüse und Tiefkühlware an vorwiegend chinesisches Publikum verkaufte – deutsche Produktbezeichnungen und Erklärungen unnötig. Als Nicht-Chinese kann man hier mitunter schon

ASIA CENTER
SUPERMARKT

SUSHI

人生伴侣
家庭
今古传奇
共和国
十大传奇海军司令员

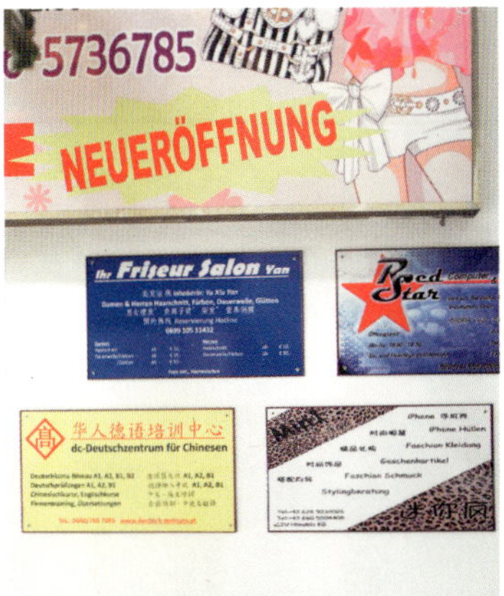
5736785
NEUERÖFFNUNG
Ihr Friseur Salon Yan
华人德语培训中心
dc-Deutschzentrum für Chinesen

ein bisschen verzweifeln, denn dass man irgendeine spezielle Zutat korrekt ausspricht, ist mehr als unwahrscheinlich. Aber das gehört zum Abenteuer Chinatown eben dazu. Vor einigen Jahren expandierte das Geschäft und übernahm auch noch einen Laden gegenüber, in dem man so ziemlich alles zur Ausstattung eines Chinarestaurants bekommen kann, vom Lampion über die Mini-Pagode, Reiskocher in allen Kalibern, elektrische Winkekatzen, Geschirr, Dekoration und Utensilien in jeder nur denkbaren Ausführung. Auch die Familie Lin hat einen Shop, Fu Hao heißt der, gleich daneben, sehr viel kleiner, winzig nachgerade, ein paar Regale rundherum, in denen sich die diversen chinesischen Zutaten in Dosen, Gläsern, Fläschchen drängen. Zum Regal-Bummel und Genuss-Shoppen ist der Laden aber nicht gedacht, Herr Lin verkauft seine Waren seit 1997 mittels Telefon, Chinarestaurants hie und da sind seine Kunden, eher solche, die den Naschmarkt nicht gleich nebenan haben. Herr Lin liefert. Und schon wieder läutet das Telefon ...

Auch Frau Liu und Frau Linda telefonieren. Abwechselnd deutsch und chinesisch. Sie sitzen im Büro von Sun Travel, einem chinesischen Reisebüro, das seit Jahren Reisen für chinesische Gruppen in Österreich organisiert, sich zunehmend aber auch um Individualreisende kümmert – Chinesen, die Österreich kennen lernen wollen, und Österreicher, die Selbiges mit China vorhaben. Ein beiderseits wachsender Markt, Frau Liu und Frau Linda haben viel zu tun.

Erfrischung finden sie nebenan im baburu, wo man seit Herbst 2011 diverse Sorten eines Mitteldings aus Früchtetee und Milchshake – sehr bunt und sehr asiatisch-hip – bekommen kann. Und nicht nur das: Im baburu finden chinesische Jugendliche auch Bücher, Comics, Magazine, CDs und DVDs für jeden Gemütszustand, grelle Mangas, chinesische Lifestyle-, Mädchen- und Modemagazine, Krimis und Action in Wort und Bild, Science-Fiction und natürlich jede Menge romantischer Liebesgeschichten. Und wer damit beginnen will, die chinesische Popmusik-Szene zu erforschen, findet hier ebenfalls reichlich Anschauungsmaterial. Interessant: Die Abteilung für Traditionelle Chinesische Medizin, chinesische Ernährungswissenschaft und Qigong ist – auch wenn diese Thematik so gar nicht zu den bunten Fruchttees und den noch bunteren Comics und Videos passen will – gar nicht klein, im Gegenteil.

Und auch die Haare kann man sich in der Kettenbrückengasse schneiden lassen. Herr Xiao Fei übernahm vor ein paar Jahren einen altehrwürdigen Frisiersalon inmitten der Kettenbrücken-Chinatown, wo chinesische Friseure genau um Pflege und Behandlung chinesischer Haare wissen. Man kann zwar nicht sagen, dass es sich dabei um den elegantesten und gestyltesten Coiffeur der Stadt handelt, das sicher nicht, aber ein gewisser Hang zum Pragmatismus wäre ja schließlich auch durchaus Chinatown-typisch.

Vorbei an diversen kleineren und größeren China-Läden an der Rechten Wienzeile, an deren Fenstern und Türstöcken Hinweisplakate kleben, die

小飞美发厅
Friseur Xiao Fei
corin
haircosmetics
Drücken
Kamera überwacht!
Chinesisch
Neujahrskon
12. Jänner 2012

von chino-österreichischen Internet-Communitys berichten, Deutschkurse feilbieten, kulturelle Ereignisse ankünden oder private Tai-Chi-Kurse bewerben, zu jenem Ort, der gewissermaßen der Kulminationspunkt der Wiener Chinatown ist, dem „China-Zentrum". Das monumentale Eckhaus stammt aus dem Jahr 1912 und war wohl seit seinem Bestehen ein prächtiges Geschäftslokal, der Treppenaufgang zum Lili-Markt ist überaus eindrucksvoll, der Nebeneingang, der hinauf zum ausschließlich von Chinesen besuchten Restaurant Zhongxin oder hinunter in eine Shop-Passage mit einer chinesischen Boutique und einem weiteren chinesischen Friseur führt, ist umso beengter.

Der Lili-Markt aber atmet die Größe des Reichs der Mitte. Das Angebot ist nachgerade erdrückend, stundenlang kann man da flanieren und staunen, Dinge sehen, von deren Geschmack oder Verwendung man selbst unter Aufbringung jeder Fantasie keine Idee hat. 6000 verschiedene Artikel seien gelistet, sagt Herr Chen Shaoxiong, es könnte jedoch auch sein, dass er ein bisschen untertreibt, „aber alles hab ich auch selbst noch nicht probiert", lacht er. Seit 2007 führen er und Frau Ye Lianlian diesen China-Shop der Superlative, auch sie kommen aus Wenzhou, „dort sind wir es gewohnt, Dinge anzupacken und selbst zu machen". Ein zunehmendes Interesse an chinesischer Küche und an exotischen Lebensmitteln hätte dazu geführt, dass schon etwa die Hälfte der Kunden Wiener seien, und man sieht sie auch durch die Gänge des Lili-Marktes wandeln, suchend und ein wenig zögerlich ob der schieren Fülle, kein Vergleich mit den jungen Wiener Chinesen zweiter Generation, die zielsicher und souverän zugreifen ... „die Österreicher kommen meistens mit einem Zettel in der Hand mit den genauen Mengen und Bezeichnungen, die sie aus einem Kochbuch abgeschrieben haben oder die ihnen ein chinesischer Koch notiert hat". Wie auch immer, man hilft ihnen hier gerne, das ist ein bisschen anders als in österreichischen Supermärkten.

Etwa 40 % der Produkte seien aus China, erfährt man, der Rest aus anderen asiatischen Ländern. Drei bis vier verschiedene Sorten Pak Choi gibt's hier immer, angebaut allerdings in Ungarn, und spezielle Süßigkeiten, schreiend bunte Kugeln in diversen Größen, die man zu speziellen Festivitäten verschenkt. Wer diesen Markt in der Nähe hat, und nicht chinesisch kocht, weiß nicht, was ihm entgeht ...

LILI-MARKT · *Rechte Wienzeile 29, 1040 Wien*

ZHONGXIN · *Rechte Wienzeile 29, 1040 Wien*

SUN TRAVEL · *Kettenbrückengasse 18, 1040 Wien*

FRISEUR XIAO FEI · *Kettenbrückengasse 19, 1050 Wien*

CHINA BOOKS & BABURU · *Kettenbrückengasse 22, 1040 Wien*

HUA LIAN · *Kettenbrückengasse 22 und 23, 1040, 1050 Wien*

NANKING · *Köstlergasse 1, 1060 Wien*

AO DA · *Linke Wienzeile 54, 1060 Wien*

Das Restaurant ON

So zu sein, wie man sich ein Chinarestaurant vorstellt – modern, urban oder auch nicht –, ist definitiv nicht das Programm des ON. Überhaupt ist das ON nichts anderes als das ON, kein Chinarestaurant, kein Szenebeisl, kein urbaner Bobo-Hotspot. Es ist einfach das ON, das sich während der vergangenen zehn Jahre und an mittlerweile zwei Standorten seinen ganz persönlichen Charakter, seine ganz persönliche Atmosphäre und seinen ganz persönlichen Stil geschaffen hat.
Der mit wenigen Worten schwer zu beschreiben ist – „Entspanntheit", „Heiterkeit" und „Genüsslichkeit" treffen es aber wohl ganz gut. Hier kommt man her, weil man sich von verführerischer, fordernder, moderner China-Küche überraschen lassen will; oder weil man immer die gleichen Sachen von der Standardkarte bestellt; weil man weiß, dass man hier unter seinesgleichen ist – Menschen, die gerne gut und aromatisch essen, dazu gern erfreulichen Wein trinken und für all das überhaupt keine Attitüde brauchen. Dass Bekanntschaften oder sogar Freundschaften quer über die ON-Tische geschlossen werden, ist hier recht normal. Okay, es ist fast unvermeidlich, schließlich ist das ON ja auch immer recht voll ...
Wenn man's esoterisch angehen will, könnte man sagen, das ON hat ein gutes Karma. Weil hier nämlich schon zuvor Lokale waren, die den Menschen gut gefielen, das „Bevanda" oder das „Kramer & Gutierrez". Simon Xie Hong und Architekt Helmut Galler machten ein Lokal daraus, wie es unaufdringlicher nicht sein könnte, einen pragmatischen Ort, der sich erst durch die Menschen, die's hier fein haben, und durch die explosiven Aromen, die da auf den Tellern tanzen, definiert. Dass der kleine, schattige Hinterhof mit einfachsten Mitteln zu einem der kuscheligsten Outdoor-Plätze Wiens gemacht wurde, sei hier nur am Rande erwähnt, wenn man da sitzt, hätte man ja auch nicht das Gefühl, dass es anders sein könnte oder müsste.

O
N

Im ON richtig zu essen braucht vielleicht ein wenig Übung. Beim ersten Mal neigt man dazu, von der Standardkarte zu bestellen. Das ist okay, da sind ein paar wunderbare Sachen drauf, die längst zu den Klassikern der Wiener Asia-Kulinarik zählen und dementsprechend oft kopiert wurden. Es gibt aber auch eine Tageskarte drauf, die ist meistens etwas herausfordernder, da stehen die Innereien-Gerichte, die arg-scharfen Sachen oder die herrlichen, handgewutzelten Dim Sum drauf, das ist die Karte für die Fortgeschrittenen. Und die ON-Profis fragen dann noch einmal. Weil es in der Küche immer auch ein paar Portionen von Gerichten gibt, die gerade ausprobiert werden, wo mit neuen Produkten experimentiert wird, wo es so wenig davon gibt, dass es nicht lohnt, es auf die Karte zu schreiben. Ganz großes Tennis! Und apropos Sport: Recht großen Hunger sollte man auch mitbringen. Oder als Mannschaft antreten, denn je mehr Gerichte man kommen lässt, je mehr man probiert, desto lustiger wird es.

RESTAURANT ON · Wehrgasse 8, 1050 Wien, Tel. +43/1/585 49 00
Mo–Sa 12–24, So, Fei 12–22.30 Uhr, *www.restaurant-on.at*

hinaBa

ChinaBar – klein, aber Soho

Die Idee, neben dem ON noch ein Lokal zu machen, hatte Simon schon lange. Etwas, was nicht nur anders ist als alle anderen Chinarestaurants, sondern auch anders als das ON. Ein Lokal, in das man nicht unbedingt und nur zum Essen geht, sondern zum Essen und Trinken und zum Dort-Sein, eine Bar eben.
Weil es so etwas in China eigentlich nicht gibt, reizte ihn diese Idee besonders. Und als das kleine charmante Lokal in der Burggasse im Sommer 2011 frei wurde – ein ehemaliges Miniatur-Beisl, ein so genanntes Tschocherl, das vor einigen Jahren aber von Jürgen Wolf und später von Una Abraham zum atmosphärisch besonders dichten, kleinen Lokal-Juwel geschliffen wurde –, wusste Simon, wie diese ChinaBar aussehen sollte: genau so.
Die Küche der ChinaBar ist winzig, deshalb gibt es hier immer nur wenige Gerichte, bei denen sich Simon und seine Leute dafür aber umso mehr austoben, die Fusions- und Kombinationsschraube noch ein paar Stufen weiter drehen. Und es gibt auch nicht viele Sitzplätze, aber das macht nichts, weil erstens kann man sich ja einen Tisch teilen, und zweitens herrscht ohnehin ein Kommen und Gehen. Und dann wäre da noch der wunderbare Schanigarten. Der liegt zwar direkt an der Burggasse, einer stark befahrenen Verkehrsader in die Innenstadt, aber eben auch neben dem kleinen Karl-Farkas-Park, ruhig, frisch und schattig, einer der wenigen Grün-Oasen im siebenten Bezirk, fugenfrei eingepasst in die Gründerzeit-Häuser des Grätzels. Nun, was soll man sagen: Der Park gewinnt jedenfalls, der ChinaBar-Schanigarten unter den grünen Bäumen ist ein Ort der auffällig urbanen Heiterkeit und Unbeschwertheit, die Autos, die hier vorbeifahren, werden langsamer, leiser, die Fahrerinnen und Fahrer schauen, was denn da so nett und gemütlich ist. Manchmal winken sie sogar ...
Die Mischung in der ChinaBar ist genauso faszinierend und anregend wie Simons Küche,

die er hier zelebriert: die alte, gepflegte Bretschneider-Schank, Wienerisches Beisl-Urgestein; das moderne Mobiliar; die großen Fenster, die die Stadt von außen nach innen dringen und die heitere, gelöste Stimmung im Gegenzug von innen nach außen strömen lassen, ein osmotischer Zustand; die zeitgenössische Kunst in Verbindung mit der Jugendstillampe, ein bisschen lässigem Jazz und Kellnern in bunten T-Shirts. Brot mit Oliven und Olivenöl zum Knabbern vorweg, spanische Blutwurst mit Chili und Ingwer, ein chinesischer Hot Pot mit portugiesischem Stockfisch und spanischer Chorizo – hemmungslos, warum denn nicht, in Macao wird seit Jahrhunderten so gekocht.

CHINABAR · Burggasse. 76, 1070 Wien, Tel. +43/01/522 08 31
Mo–So 12–24 Uhr, *www.chinabar.at*

KIKKOMAN

kikkoman®
seasoning your life

Ein Synonym für Qualität und Genusskultur

Würzen und Verfeinern von Speisen mit Sojasauce hat in den asiatischen Küchen eine lange Tradition. Schon vor über 2500 Jahren wurde Sojasauce in China erfunden und über die Jahrhunderte weiterentwickelt bis zu der Würze, wie wir sie heute kennen. Seit einigen Jahren wird sie mit Begeisterung auch in den unterschiedlichsten Küchenstilen der Welt verwendet. Mittlerweile zählt Sojasauce zu einer der meistverwendeten Gewürzsaucen. Als Dip zu Sushi haben wir natürlich gebraute Sojasauce von *Kikkoman* längst kennengelernt. Heute wissen wir, dass sie vielseitig einsetzbar ist. Hobbyköche und Profis experimentieren damit unter dem Motto „Alles ist erlaubt, ein Zuviel gibt es nicht“ munter darauf los. Ob zum Marinieren von Fleisch, Gemüse oder Fisch, für Suppen, Salatdressings und Saucen, als Würze, Tischwürze oder als Salz-Ersatz, aber auch zum Ablöschen von Wokgerichten, natürlich gebraute Sojasauce passt immer. Nicht umsonst verwenden sie heimische Spitzenköche bei typisch österreichischen Speisen wie geröstete Leber, Schweinsbraten, Rindsuppe oder Kaiserschmarren, um das „Umami“ hervorzuholen. „Umami“ ist die Bezeichnung für den fünften Geschmackssinn, den unsere Papillen auf der Zunge wahrnehmen können. Neben süß, sauer, salzig und bitter umfasst „Umami“ den Bereich, der als „die ultimative Vollmundigkeit“ und „wohlschmeckend“ bezeichnet wird.

Simon verwendet natürlich gebraute Sojasauce für seine Dips und Saucen. Darüber hinaus nutzt er Sojasauce auch zum Marinieren, als Würze und als Salz-Ersatz bei vielen seiner Schmorgerichte. Im Wok oder bei gebratenem Fleisch löscht er allerdings immer nur ganz zum Schluss mit Sojasauce ab, um die wertvollen Aromen nicht zu verbrennen.

Uns allen ist mittlerweile bewusst, wie wichtig frische und qualitativ hochwertige Zutaten und deren Verarbeitung für den Geschmack der Speisen sind. Bei der Sojasauce ist das genauso. Eine kurze Zutatenliste und die Aufschrift „natürlich gebraut“ auf dem Etikett geben Aufschluss über die Qualität des Produktes. Sojasauce ist in der Tat nicht gleich Sojasauce. Es gibt chinesische, chemische und japanische Saucen. Bei der Produktion chemischer Sojasauce wird gänzlich auf den Brauprozess verzichtet und Aroma, Farbe und Geschmack werden künstlich hinzugefügt. Chinesische Sojasaucen werden in der Regel kürzer gebraut als japanische und benötigen deshalb auch Zusatzstoffe, um geschmacklich aufgewertet zu werden.

Bei *Kikkoman* wird natürlich gebraute Sojasauce seit über 300 Jahren nach dem japanischen Originalrezept ausschließlich aus

4 reinen Zutaten hergestellt: Sojabohnen, Weizen, Wasser und Salz. Gedünstete Sojabohnen werden mit geröstetem Weizen vermengt und mit speziellen Enzymen angereichert. Dadurch entsteht Koji, eine Trockenmaische. Durch Zufügen von Salz und Wasser entsteht ein Brei – in Japan „moromi" genannt. In riesigen Edelstahltanks kommt es dann zur eigentlichen Gärung. Nach einer Fermentationszeit von etwa 6 Monaten wird die Maische in Tücher gepackt und gepresst. Heraus kommt reine natürlich gebraute Sojasauce, die nur noch gefiltert und pasteurisiert wird.

Während des ganz natürlichen Brauvorganges erhält die Sojasauce ihre dünnflüssige Konsistenz und ihre tiefe, rehbraune Farbe. Dabei entsteht auch der unvergleichliche Geschmack aus ca. 300 verschiedenen Aromen, die beim Kochen den Eigengeschmack aller Zutaten abrunden, ohne ihn zu überdecken.

Kikkoman steht für Tradition, Qualität und Genusskultur und fungiert bereits seit Jahrhunderten als kulinarischer Botschafter mit dem Ziel, unterschiedliche „Ess-Kulturen" zusammenzuführen. Für die Produktqualität wurde *Kikkoman* bereits 1873 auf der Wiener Weltausstellung ausgezeichnet. Auch der japanische Kaiserhof weiß die Qualität zu schätzen, dessen Hoflieferant *Kikkoman* bis heute ist.

Aber auch Innovation ist ein wichtiger Faktor in der Erfolgsgeschichte des Weltmarktführers. *Kikkoman* reagiert auf die Bedürfnisse der europäischen Märkte und entwickelt immer wieder neue Produkte, die auf natürlich gebrauter Sojasauce basieren. Die klassische sowie die Sojasauce Süß (erspart die Prise Zucker!) und auch die spezielle Sushi & Sashimi Sojasauce haben bereits seit Jahren ihren Platz in den heimischen Küchen gefunden. Ganz im Trend der Zeit wurde das Angebot um die beiden gesunden Alternativen – natürlich gebraute Sojasauce mit 43 % weniger Salz und natürlich gebraute TAMARI glutenfreie Sojasauce – erweitert. Bedient wird der stetig steigende europäische Bedarf an natürlich gebrauter Sojasauce aus der 1997 errichteten Produktionsstätte in Hoogezand-Sappemeer in den Niederlanden.

kikkoman®
seasoning your life

KIKKOMAN
250ml ℮
ALL-PURPOSE SEASONING
KIKKOMAN
NATURALLY BREWED
TAMARI
Gluten Free
Soy Sauce
250ml ℮
OVER 300 YEARS OF EXCELLENCE
ALL-PURPOSE SEASONING
KIKKOMAN
NATÜRLICH GEBRAUTE
SALZREDUZIERTE
Sojasauce
250ml ℮
OVER 300 YEARS OF EXCELLENCE
ALL-PURPOSE SEASONING
KIKKOMAN
NATURALLY BREWED
Soy Sauce
1 LITRE ℮
OVER 300 YEARS OF EXCELLENCE

Bittergurke
Diese „Ur-Gurke" ist im gesamten asiatischen und karibischen Raum sehr beliebt, ihre warzige Schale macht sie unverkennbar. In Asia-Shops ist die Bittergurke das ganze Jahr über erhältlich.

Bonito-Flocken
Dabei handelt es sich um zu Flocken geraspeltem, geräuchertem und getrocknetem Filet eines kleinen, weißen Thunfisches. Wesentliche Würz-Zutat in der japanischen Küche, in jedem Asia-Shop erhältlich.

Buchenrasling oder Buna-Shimeji-Pilze
Ein Baumpilz, der sich zunehmender Beliebtheit erfreut. Mit seinen braunen Köpfchen und schneeweißen Stielen sieht der in Büscheln wachsende Pilz nicht nur wunderschön aus, er schmeckt pfeffrig und ist ausgezeichnet einsetzbar. Wird in Österreich gezüchtet und ist ganzjährig im Feinkosthandel zu bekommen.

Chinesischer Braunzucker
Zucker mit hohem Melasse-Anteil, der vor allem bei roten Schmorgerichten auch der Farbe wegen gerne eingesetzt wird. Kann durch heimischen oder karibischen Braunzucker ersetzt werden.

Dashi-Pulver
Entspricht in der japanischen Küche etwa dem Suppenwürfel, ein Fischfond, der gerne als Basis verwendet wird. Beim Einkauf – Feinkosthandel oder Asia-Shops – darauf achten, dass man Dashi-Pulver ohne Glutamatzusatz nimmt.

Enoki-Pilze
Auf deutsch „Samtfußrübling", ein Zuchtpilz, der in Büscheln wächst und besonders lange, dünne Stiele mit winzigen Köpfchen bildet und sehr dekorativ aussieht. Man findet ihn im gut sortierten Feinkosthandel, wo er allerdings recht teuer ist. Kann durch hauchdünn gehobelten, frischen Steinpilz ersetzt werden.

Galgant
Auch Thai-Ingwer genannt, sieht ähnlich aus, ist im Geschmack aber milder, blumiger. Ist in jedem Asia-Shop zu bekommen; wenn man Ingwer, Zitronengras und Korianderwurzel zur Verfügung hat, kann Galgant aber auch weggelassen werden.

Goji-Beeren
Die Beeren des gemeinen Bocksdorn-Busches, die getrocknet oder eingelegt werden und sowohl als Heilmittel gelten als auch wegen ihrer animierenden Säure als Würzmittel eingesetzt werden. In Bioläden, Asia-Shops und Reformhäusern erhältlich.

Jamón Ibérico
Der Schinken des spanischen Urschweins, das aufgrund seines schwarzen Fells auch „Pata Negra" („schwarzer Fuß") genannt wird. Der Schinken dieses Schweins gilt als einer der besten der Welt, ist besonders nussig und aromatisch. Im Delikatessenhandel zu bekommen, kann durch anderen luftgetrockneten Schinken, also Parma, San Daniele, Serrano oder dergleichen, ersetzt werden.

Kassie-Rinde
Der Kassie-Zimt gilt als der etwas minderwertigere Zimt, ist tatsächlich aber ein eigenes Gewürz. Ist in jedem besseren Supermarkt mit Gewürzabteilung zu bekommen.

Kimchi
Kimchi ist koreanischen Ursprungs und bedeutet milchsauer vergorenes, und dadurch haltbar gemachtes Gemüse (vergleichbar unserem Sauerkraut). Ursprünglich wird Kimchi aus Chinakohl hergestellt, in Korea macht man Kimchi aber aus so ziemlich jedem Gemüse.

Kombu-Algen
Japanische Kaltwasser-Algen, am besten in den Gewässern der Nordinsel Hokkaido geerntet. Kombu gilt als gesund und verdauungsfördernd, wird aber auch als Würze eingesetzt. In Asia-Shops sind Kombu-Algen leicht zu bekommen und sie sind lange haltbar.

Koreanisches Chili- oder Paprikapulver
Koreanische Paprikapaste
Koreaner kochen gerne mit Chili und haben für jedes Gericht, für jede Zubereitung ihre spezielle Chili-Form. Chilipasten und -pulver sind in jedem Asia-Shop zu bekommen, notfalls zu ersetzen durch scharfes Paprikapulver, bei dem man aber sehr aufpassen muss, da es beim Anrösten sehr leicht bitter wird.

Lotoswurzel
Die Lotoswurzel ist eingelegt in Asia-Shops das ganze Jahr über erhältlich und kostet nicht viel Geld.

Lu-Gewürzmischung
Sollte man keinen Asia-Shop in der Nähe haben, um die Lu-Gewürzmischung fertig zu kaufen, kann man sie auch selbst herstellen: Am wichtigsten sind Sternanis, Zimt, Ingwer und schwarze Pfefferkörner, die durch alle „dunklen" Gewürze wie Wacholder, Lorbeer und Koriander ergänzt werden können, ein „weihnachtlicher" Ton ist kein Fehler.

Macha-Tee
Der grüne, japanische Zeremonien-Tee in Pulverform, in jedem Teegeschäft oder Feinkostladen mit größerem Tee-Sortiment erhältlich. Sollte man an Macha-Tee erster Güte interessiert sein, lohnt es, sich an Spezialisten zu wenden, so zum Beispiel die Wiener Tee-Geschäfte „Cha No Ma“ oder „Artee“.

Mirin
Japanischer, süßer Reiswein, im spezialisierten Feinkosthandel oder im Asia-Shop erhältlich, das beste Sortiment findet man im japanischen Feinkostgeschäft Nippon Ya in der Wiener Faulmanngasse. Sollte kein Mirin zu bekommen sein, durch leicht süßen Wein – Spätlese oder Auslese – ersetzen.

Misopaste
Miso ist eine Grundzutat der japanischen Küche und kann auch in jeder anderen Küche verwendet werden, die salzige Paste aus Sojabohnen und Getreide verstärkt vor allem den Geschmack von Gemüse und ist die Basis der Misosuppe. In jedem gut sortierten Feinkosthandel zu bekommen.

Nori-Algen
Die dünnen, getrockneten und gerösteten Algen werden normalerweise für Susho (Maki-Rollen) verwendet, sind in jedem Asia-Shop und im gut sortierten Feinkosthandel zu bekommen.

Pak Choi
Der asiatische Senfkohl ist mittlerweile auch schon auf Bauernmärkten anzutreffen, im Feinkosthandel und in Asia-Shops ohnehin das ganze Jahr. Sollte kein Pak Choi zu bekommen sein, kann er durch Kochsalat (wenn es um die grüne Farbe geht) oder durch Chinakohl ersetzt werden.

Pao-Tofu
Außergewöhnlichere Tofu-Arten wie Tofu-Papier, den flaumigen, frittierten Pao-Tofu oder vergorenen Tofu bekommt man derzeit noch ausschließlich in gut sortierten Asia-Shops und China-Läden.

Pioppini-Pilze
Einer der interessantesten Zuchtpilze der vergangenen zehn Jahre, der es geschmacklich durchaus mit Wild-Pilzen aufnehmen kann. Sein Name verweist darauf, dass er sich zunächst in Italien durchgesetzt hat; in Österreich im Delikatessenhandel ganzjährig erhältlich.

Shiitake-Pilze
Shiitake wird seit über 2500 Jahren gezüchtet, gilt sowohl als Heil- wie Speisepflanze. Sein Geschmack ist vielfältig und exzellent, vor allem getrocknet gilt er als „Umami-Bombe“. Der Pilz ist im Supermarkt erhältlich.

Schwertmuscheln
Diese sehr speziellen, köstlichen und fleischigen Muscheln sind nicht leicht zu bekommen. Der Fischhändler Ihres Vertrauens hat sie entweder im Angebot oder kann sie besorgen. Es gibt Schwertmuscheln auch als Edel-Konserve, die sind aber schon gegart und mariniert.

Szechuanpfeffer
Die „betäubenden“ Samenkapseln des Strauches sind in der chinesischen Küche unverzichtbar, Szechuanpfeffer ist in jedem Supermarkt mit Gewürzabteilung zu bekommen.

Tamarinde
Das Fruchtmark der „Sauerdattel“ ist eine wesentliche Zutat der thailändischen Küche. Die süßsaure Tamarindensauce ist im gut sortierten Lebensmittelhandel erhältlich.

Tarowurzel
Die Wasserbrotwurzel zählt zu den ältesten und nach wie vor wichtigsten Nutzpflanzen der Welt. In Asia-Shops, China-Shops oder im gut sortierten Feinkosthandel sind Tarowurzeln das ganze Jahr über erhältlich, sollten keine zu bekommen sein, können sie durch gelbe Süßkartoffeln ersetzt werden.

Tausendjähriges Ei
Eine unersetzliche Spezialität der chinesischen Küche, in Österreich nur in China-Läden und Asia-Shops erhältlich. Lange haltbar.

Teriyaki-Sauce
Diese süße Grill-Sauce aus Sojasauce, Mirin, Ingwer, Sake und Zucker ist im Supermarkt erhältlich.

Thai-Basilikum
Die thailändische Küche kennt zahllose Basilikum-Arten. Beim Thai-Basilikum handelt es sich um eine besonders frisch-würzige, aromatische Varietät. In Asia-Shops das ganze Jahr über günstig zu bekommen, durch heimisches Basilikum kann er nur schlecht ersetzt werden, wenn, dann Blätter und Stängel verwenden.

Umami
Der fünfte Geschmackssinn neben süß, salzig, bitter und sauer. Umami umfasst im Geschmacksspektrum das „fleischige“, „reichhaltige“ Segment.

Wan-Tan-Teig
Der hauchdünne Teig aus Weizenmehl und Wasser ist selbst nur schwer herzustellen. In Asia-Shops bekommt man Wan-Tan-Teig in Kreis- oder Quadrat-Form tiefgefroren.

Das schönste und sinnlichste Buch zum Thema: eine einzigartige Liebeserklärung an Neapel und sein Wahrzeichen: *La Pizza.* Ein Buch mit den besten Rezepten für alle Pizza-Liebhaber und wunderbaren Bildern, die in faszinierender Weise das Lebensgefühl des Südens vermitteln.

Nikko Amandonico
LA PIZZA
Ein guten Stück Italien

168 Seiten, 23,5 x 29 cm
Hardcover mit SU, zahlr. Farbabb.

ISBN: 978-3-99011-032-4 · € 34,95

edition styria

Ohne zu übertreiben, darf man sagen: Dies ist eines der schönsten Sizilienbücher der letzten Jahre. Ein Buch, das nicht das Klischee bedient, sondern so frisch und modern und mit einer ansteckenden Fröhlichkeit daherkommt wie die jungen Leute in Palermo, Messina, Catania oder Ragusa. Sizilien, la cucina siciliana: eine Vielfalt der Kulturen, eine Vielfalt der Speisen.

Marie Cecile Ferré · Marie Teresa di Marco
LA CUCINA SICILIANA
Ein Fest der Sinne. Mit Fotos von Maurizio Maurizi

224 Seiten, 17,5 x 28,5 cm
Franz. Broschur

ISBN: 978-3-99011-041-6 · € 25 ,00

edition styria

Mit viel Feingefühl spürt Andrea Grossmann den Zusammenhängen zwischen Natur und Kultur, Essen und Brauchtum nach: Sie teilt das Jahr in 6 „Jahreszeiten" zu je 2 Monaten, ordnet die einzelnen Lebensmittel exakt diesem Rhythmus zu und zaubert aus ihnen ganz spezielle, aber immer mit traditionellem Hintergrund ausgestattete Gerichte.

Andrea Grossmann
ERLEBNISKOCHEN
Mit den Jahreszeiten leben, kochen, genießen

256 Seiten, 19 x 24,5 cm
Hardcover mit SU, zahlr. Farbabb.

ISBN: 978-3-99011-034-8 · € 29 ,99

edition styria

Ein Buch, das eine Fülle von Anleitungen liefert zum Brotbacken, Einkochen und Einlegen, Herstellen von Kompotten und Likören, zum Pökeln und Räuchern, zum Buttern und Käsen und zu vielem mehr. Wer Lust aufs Experimentieren hat, wer seinen Gaumen überraschen möchte und wer die Zufriedenheit und den Stolz spüren möchte, vor einem gefüllten Vorratsschrank zu stehen, der liegt mit diesem sinnlichen Buch genau richtig.

Alison Walker
AUS FREUDE AM LANDLEBEN
Genussrezepte für die Vorratskammer

192 Seiten, 21,0 x 27,0 cm
Hardcover mit SU

ISBN: 978-3-99011-044-7 · € 29 ,99

edition styria